LP 245

www.lenos.ch

Ghassan Kanafani

Das Land der traurigen Orangen

Palästinensische Erzählungen

Aus dem Arabischen
von Hartmut Fähndrich

Lenos Verlag

Der Autor
Ghassan Kanafani wurde 1936 in Akka geboren. 1948 wurde seine Familie durch die Besetzung der Israelis vertrieben. Als Flüchtling lebte Kanafani zunächst im Libanon, später während längerer Zeit in Damaskus, wo er seine Schulbildung abschloss und einige Jahre als Lehrer arbeitete. 1956 ging er als Sport- und Zeichenlehrer nach Kuwait. 1960 zog er nach Beirut, wo er in der Folgezeit bei mehreren Zeitungen arbeitete und schliesslich Sprecher von George Habaschs Volksfront für die Befreiung Palästinas war. 1972 wurde er in Beirut durch eine Bombe getötet, die an seinem Wagen angebracht war.

Der Übersetzer
Hartmut Fähndrich, geboren 1944 in Tübingen. Studierte Vergleichende Literaturwissenschaft und Islamwissenschaft in Deutschland und in den Vereinigten Staaten. 1978 bis 2014 Lehrtätigkeit an der ETH Zürich. Übersetzte zahlreiche Werke aus dem Arabischen ins Deutsche und wurde dafür mehrfach ausgezeichnet. Lebt in Bern.

Die vorliegende Auswahl wurde aus
Ghassān Kanafānī, al-Āṯār al-kāmila II. al-qiṣaṣ al-qaṣīra (Beirut, 1973) entnommen.

LP 245

Zweite Taschenbuchauflage 2024

Satz und Gestaltung: Lenos Verlag, Basel
Umschlagfoto: whanlamoon/Shutterstock
Printed in Germany

ISBN 978 3 85787 845 9

Inhalt

Das Land der traurigen Orangen

Als wir Jaffa in Richtung Akka verliessen, war das an sich nichts Schlimmes. Es ging uns wie allen, die alljährlich das Opferfest in einer anderen Stadt verbrachten. Die Tage in Akka verliefen ganz wie gewohnt. Ich, der ich damals noch ein kleiner Junge war, genoss wohl jene Tage ganz besonders, weil ich schulfrei hatte ... Wie dem auch sei, in der Nacht des grossen Angriffs begann alles klarer zu werden. In jener schrecklichen Nacht, in der die Männer grimmig schweigend, die Frauen betend dasassen. Wir, du und ich und die anderen Kinder unseres Alters, waren zu klein, um wirklich zu verstehen, was das alles bedeutete. Doch in jener Nacht begannen die Vorgänge klarer zu werden, und am Morgen, nachdem die angreifenden Juden sich unter Drohungen zurückgezogen hatten, stand ein grösser Lastwagen vor unserer Haustür. Fieberhaft wurde von allen Seiten Bettzeug daraufgeworfen. Ich stand, an die Hauswand gelehnt, und sah deine Mutter auf den Wagen steigen, dann deine Tante, dann die Kinder. Dein Vater setzte auch dich und deine Geschwister ins Auto, oben aufs Gepäck. Dann nahm er mich und hob mich hinauf in den Metallkorb über dem Fahrerhaus, wo mein Bruder Rijad schon sass. Und bevor ich es mir noch richtig bequem gemacht hatte, fuhr das Auto los. Nach und nach verschwand unser geliebtes Akka, während wir auf kurviger Strasse in Richtung Kap Nakura fuhren.

Es war etwas bewölkt, und ich fröstelte. Rijad sass, an das Gepäck gelehnt, sehr ruhig da, liess seine Beine über den Korbrand baumeln und betrachtete den Himmel. Auch ich hockte schweigend da, die Arme auf den Knien und das Kinn daraufgelegt … Die Orangenfelder säumten unseren Weg, und an uns allen nagte ein Gefühl der Angst, während der Wagen über die staubige Strasse ratterte und von fern Schüsse wie zum Abschied herüberhallten.

Als Kap Nakura in der Ferne auftauchte, wie eine Wolke am blauen Horizont, hielt der Wagen an. Die Frauen stiegen ab und gingen zu einem Bauern, der hinter einem Korb voller Orangen an der Strasse hockte … Sie nahmen einige Orangen, und wir hörten sie weinen … Damals wurde mir klar, dass Orangen etwas Liebenswertes, dass diese grossen blanken Kugeln etwas Teures sind. Die Frauen kauften einige Orangen und brachten sie uns zum Auto. Dein Vater stieg vom Beifahrersitz, nahm eine Orange und betrachtete sie schweigend. Dann brach er in Tränen aus wie ein verzweifeltes Kind.

Bei Kap Nakura kam der Wagen in einer langen Autoschlange zum Stehen. Die Männer begannen, den wartenden Polizisten ihre Waffen auszuhändigen. Als wir an die Reihe kamen, sah ich auf dem Tisch Gewehre und Munition liegen; ich sah auch die lange Schlange von Autos, die das Land der Orangen verliessen und sich in den Libanon hineinschoben. Da begann auch ich bitterlich zu weinen. Deine Mutter betrachtete noch immer schweigend die Orange, und aus den Augen deines Vaters blickten alle Orangenbäume, die er den Juden zurückgelassen hatte, all die Orangenbäume, die er Stück um Stück erworben hatte; sie alle standen ihm ins Gesicht gezeichnet, und vor dem Grenzposten konnte er seine Tränen nicht mehr zurückhalten.

Als wir dann am Nachmittag in Saida ankamen, waren wir Flüchtlinge geworden.

Die Strasse nahm uns auf, wie all die anderen. Dein Vater war alt geworden; er sah aus, als habe er lange nicht geschlafen. Da stand er vor dem Gepäck, das man auf die Strasse geworfen hatte, und ich hatte den Eindruck, wenn ich zu ihm liefe und etwas zu ihm sagte, würde er explodieren, würde fluchen, fluchen … Es stand ihm ins Gesicht geschrieben. Auch ich, der kleine Junge, der eine streng religiöse Schule besucht hatte, auch ich zweifelte damals daran, dass Gott den Menschen wirklich helfen will, ich zweifelte sogar daran, dass Gott alles hört und alles sieht. Die bunten Bildchen, die man uns in der Schule beim Kirchgang ausgeteilt hatte, zeigten einen gütigen Gott, der den Kindern freundlich zulächelt. Doch nun erschienen mir auch diese Bildchen als eine der Lügen, mit denen die Schulen ihre Einkünfte erhöhen. Es war ganz klar, dass der Gott, den wir in Palästina gekannt hatten, auch von dort fortgezogen war und nun wer weiss wo als Flüchtling lebte, unfähig, auch nur seine eigenen Probleme zu lösen. Und wir, wir Menschenflüchtlinge, sassen am Strassenrand, in Erwartung eines neuen Schicksals, irgendeiner Lösung, eines Daches über dem Kopf für die Nacht. Der Schmerz hatte begonnen, auch meinen einfachen Kinderverstand zu zermürben.

Die Nacht ist etwas Furchtbares … Die Finsternis, die sich nach und nach auf uns herabsenkte, erfüllte mein Herz mit Schrecken … Schon der Gedanke, die Nacht am Strassenrand verbringen zu müssen, rief mannigfache Ängste in mir wach … Doch niemand war da, mich zu trösten, zu niemandem konnte ich mich flüchten, und der stumme Blick deines Vaters flösste mir noch mehr Furcht ein. Die Orange in der Hand deiner Mutter erfüllte mich mit grosser Traurigkeit. Alle sassen schweigend da, starrten auf die schwarze Strasse und hofften, das Schicksal werde um die Ecke kommen, unsere Probleme lösen und uns ein Dach über dem Kopf verschaffen. Plötzlich erschien das Schicksal! Dein Onkel war schon früher hierhergekommen … Er war unser Schicksal.

Dein Onkel hatte nie an moralische Werte geglaubt. Als er dann, wie wir, am Strassenrand stand, hatte er an gar nichts mehr geglaubt. Er war zum Haus einer jüdischen Familie gegangen, hatte die Tür aufgerissen, sein Gepäck hineingeworfen und den Bewohnern mit Worten und Gesten unmissverständlich zu verstehen gegeben, sie sollten verschwinden. »Geht doch nach Palästina«, hatte er ihnen zugerufen. Natürlich waren sie nicht nach Palästina gegangen, doch aus Furcht vor seiner Verzweiflung hatten sie sich in ein Zimmer zurückgezogen und ihm das andere überlassen.

Dorthin führte uns dein Onkel und stopfte uns zu Sack und Pack und seiner Familie mit hinein. Wir Kinder schliefen unter Mänteln auf dem Boden; unsere kleinen Körper füllten das ganze Zimmer. Als wir am Morgen aufwachten, sassen die Männer noch immer auf ihren Stühlen; sie hatten die ganze Nacht so zugebracht … Langsam durchdrang die Tragödie jede Zelle unseres Körpers.

Wir blieben nicht lange in Saida. Im Zimmer deines Onkels war nicht einmal für die Hälfte von uns Platz. Immerhin hatte es uns drei Nächte lang beherbergt. Dann drängte die Mutter deinen Vater, sich eine Arbeit zu suchen oder eben mit uns ins Land der Orangen zurückzukehren. Doch dein Vater herrschte sie an; seine Stimme bebte. Also schwieg sie. Unsere Familienprobleme hatten begonnen. Die glückliche geschlossene Familie hatten wir mit unserem Land, unserem Zuhause und unseren Toten zurückgelassen.

Ich habe nie erfahren, wie dein Vater zu Geld kam. Ich weiss zwar, dass er das Gold veräusserte, das er deiner Mutter damals gekauft hatte, als er sie glücklich und stolz sehen wollte, seine Frau zu sein. Doch dieses Geld vermochte uns nicht lange weiterzuhelfen. Da musste eine andere Quelle sein. Hatte er sich etwas geliehen? Hatte er irgend etwas verkauft, das er ohne unser Wissen mitgebracht hatte? Ich weiss es nicht. Aber ich erinnere mich, dass wir in ein Dorf in der Nähe von Saida übersiedelten. Dort sass dein Vater auf dem Balkon und lächelte zum erstenmal … Er wartete auf den 15. Mai*, um im

* Gemeint ist der 15. Mai 1948: Ende der britischen Mandatsherrschaft über Palästina. Gleichzeitig Proklamation des Staates Israel. Beginn des ersten arabisch-israelischen Krieges.

Gefolge der siegreichen Armeen nach Hause zurückzukehren.

Nach bitterem Warten kam der 15. Mai … Genau um Mitternacht stiess mich – ich war eingeschlafen – dein Vater mit dem Fuss und rief: »Steh auf! Schau dir den Einzug der arabischen Heere in Palästina an!«

In seiner Stimme lagen Hoffnung und Zuversicht. Ich sprang rasch auf. Barfuss liefen wir über die Hügel zur Strasse, die einen Kilometer vom Dorf entfernt vorbeiführt. Wir alle, gross und klein, rannten keuchend, so schnell wir nur konnten. Von fern leuchteten die Scheinwerfer der Fahrzeuge, die sich in Richtung Kap Nakura bewegten. Als wir schliesslich an der Strasse standen, spürten wir die Kälte; doch die Begeisterung deines Vaters liess uns alles vergessen. Er lief hinter den Autos her wie ein kleiner Junge, jubelte den Soldaten zu und schrie sich heiser. Er atmete schwer, doch er rannte weiter neben der Kolonne her wie ein Kind. Wir alle folgten ihm und schrien mit. Die Soldaten schauten uns unter ihren Helmen hervor ernst und schweigend an. Wir alle rangen nach Luft. Dein Vater zog, trotz seiner fünfzig Jahre immer weiter laufend, einige Zigaretten aus der Tasche und reichte sie den Soldaten; dabei jubelte er ihnen noch immer zu, und wir rannten weiter wie eine kleine Herde Ziegen neben ihm her.

Plötzlich war die Kolonne zu Ende … Erschöpft und schwer atmend kehrten wir zu unserem Haus zurück. Dein Vater war verstummt und schwieg. Auch wir waren nicht mehr imstande, etwas zu sagen. Das Licht eines vorbeifahrenden Autos erhellte das Gesicht deines Vaters. Auf seinen Wangen standen Tränen.

Danach ging alles sehr langsam. Die Verlautbarungen der arabischen Staaten hatten uns getäuscht, die ganze bittere Wahrheit war nicht mehr zu leugnen. Die Gesichter verfinsterten sich wieder. Deinem Vater fiel es immer schwerer, Palästina zu erwähnen oder von der glücklichen Vergangenheit in den Hainen und Häusern dort zu reden. Wir bildeten die Wände der schrecklichen Tragödie, die sich seines neuen Lebens bemächtigte. Wir waren auch jene Lausbuben, die ohne grosse Schwierigkeit herausfanden, dass deines Vaters Aufforderung an uns, jeweils frühmorgens einen Berg zu erklimmen, nur eine Ablenkung war, damit wir kein Frühstück verlangten …

Unsere Lage wurde immer schwieriger … Ein ganz harmloser Anlass konnte deinen Vater in Rage bringen. Ich erinnere mich noch genau: Als ihn eines Tages jemand um irgend etwas bat, zuckte er zusammen und begann dann wie vom Schlag getroffen zu zittern. Seine Augen flackerten … Ein schrecklicher Gedanke schien ihm gekommen. Er sprang auf, als hätte er eine passende Lösung gefunden. Verwirrt wie ein Mensch, der spürt, dass nur er allein in der Lage ist, seinen Problemen ein Ende zu machen, und der die Angst vor einer entscheidenden Massnahme spürt, so begann dein Vater zu phantasieren und sich auf der Suche nach irgend etwas dahin und dorthin zu drehen. Schliesslich stürzte er sich auf eine Schachtel, die wir aus Akka mitgebracht hatten, und warf mit angsterregenden, hektischen Bewegungen ihren

Inhalt auf den Boden. Deine Mutter begriff sofort alles, und, beunruhigt wie eine Mutter, deren Kindern Gefahr droht, schob sie uns aus dem Zimmer und hiess uns in die Berge laufen. Doch wir blieben am Fenster stehen, pressten unsere kleinen Ohren an das Holz und hörten mit Entsetzen, wie dein Vater schrie: »Ich bringe sie um! Ich bringe mich um! Ich mache Schluss! Ich …«

Plötzlich schwieg dein Vater, und als wir durch den Türschlitz ins Zimmer schauten, sahen wir ihn röchelnd auf der Erde liegen und schluchzen. Deine Mutter stand da und blickte ihn voller Mitleid an.

Erst begriffen wir nicht viel. Doch ich erinnere mich: Als ich den schwarzen Revolver neben ihm auf der Erde liegen sah, verstand ich alles. Und zu Tode erschrocken wie ein Kind, das plötzlich einen Geist sieht, rannte ich fort vom Haus in die Berge. Und in dem Masse, in dem ich mich vom Haus entfernte, entfernte ich mich auch von meiner Kindheit. Ich begriff, dass unser Leben nicht mehr angenehm, einfach und ruhig war und dass es so weit mit uns gekommen war, dass als einzige Lösung eine Kugel durch den Kopf blieb. Also mussten wir uns zusammennehmen und uns anständig betragen. Wir durften nicht mehr um etwas zu essen bitten, auch wenn wir hungrig waren. Wir hatten still zu sein, wenn Vater über seine Probleme sprach, und sollten mit dem Kopf nicken und lächeln, wenn er uns sagte: »Lauft auf den Berg und kommt nicht vor Mittag zurück!«

Am Abend, als es dunkel wurde, ging ich nach Hause zurück … Dein Vater war noch immer krank; deine

Mutter sass bei ihm. Euer aller Augen leuchteten wie die Augen von Katzen. Eure Lippen waren zusammengepresst, als seien sie noch nie geöffnet gewesen, als seien sie Narben einer alten, nie verheilten Wunde.

Dort sasst ihr zusammengedrängt, ebenso weit von eurer Kindheit entfernt wie vom Lande der Orangen, von denen uns ein Bauer, der sie einst angepflanzt hatte, dann aber fortgezogen war, erzählte, sie würden verdorren, wenn die Hand wechselt, die sie tränkt.

Dein Vater lag noch immer krank im Bett. Deine Mutter schluckte an den Tränen einer Tragödie, die bis heute aus ihren Augen blickt.

Gedrückt schlich ich mich ins Zimmer … Als mein Blick auf das Gesicht deines Vaters fiel, dem man noch immer die Wut der Ohnmacht ansah, bemerkte ich auf dem niedrigen Tischchen den schwarzen Revolver, daneben eine Orange … Sie war trocken und hart.

Kuwait, 1958

Damals war er ein kleiner Junge

Der Schaum glühte im Morgenrot. Er strich über den silbernen Sandstrand. Die gekrümmten Palmen schüttelten den Schlaf der Nacht von ihren trägen, schlaffen Zweigen und hoben ihre stachligen Arme zum Horizont, wo die Mauern von Akka aus dem tiefen Blau aufragten. Rechts der Strasse, die von Haifa nach Norden führt, erhob sich gross und rund die Sonne über die Hügel und tauchte die Baumwipfel, das Wasser, die Strasse in reines purpurnes Licht. Ahmed nahm die Rohrflöte aus dem Korb, lehnte sich in eine Ecke des Wagens und begann, eine schwermütige Weise zu blasen, die Weise eines ewig Liebenden, der in jedem der Dörfer hätte wohnen können, die gleich Sternen über ganz Galiläa verstreut waren; und während der Bus im Morgenwind dahinkroch, ergänzte die traurige Weise die Natur. Keinen der Fahrgäste überraschte sie. Alle hatten erwartet, dass sie irgendwoher erklingen würde. Ja, es hätte sie überrascht, wäre sie ausgeblieben.

Rechts erstreckten sich die Felder, wogte das Grün in vielen Schattierungen, wogte endlos fort bis an den silbernen Sand.

Es war eine kleine Welt, umschlossen vom Metall des Fahrzeugs und von der schwermütigen Melodie; irgend etwas verband, unerklärlich und unsichtbar, die zwanzig Personen darin, die in ihrem ganzen Leben nicht mehr als einen Morgengruss gewechselt hatten, bei der Bushaltestelle an der König-Feisal-Strasse in Haifa.

Zusammengesetzt war diese kleine Welt aus Arbeitern, welche der Hafen aus allen Winkeln Galiläas gierig angesogen hatte; Bauern aus der Umgebung von Haifa, die seit Menschengedenken mit Männern und Frauen aus der Gegend um Safad verschwägert waren; einem kleinen Jungen aus Umm al-Faradsch, von seiner Mutter nach Haifa geschickt, um dort etwas über den Verbleib seines Vaters zu erfahren, der nun die Antwort heimbrachte; einem Anwalt, mit einem Rechtsstreit um ein Stück Land in al-Kabri befasst, der vor der Gerichtsverhandlung noch Nachforschungen anzustellen hatte; einer Frau, die sich für ihren einzigen Sohn um die Hand eines Mädchens bemühte; Körben mit Lebensmitteln, Brot, Tauben, Kinderspielzeug und Briefen, die unterwegs da und dort zugestellt wurden; der Rohrflöte eines Burschen, dessen Schule erst am Tag zuvor die Tore geschlossen hatte; und dem Fahrer, dem der Weg so vertraut war wie seine Frau.

Von Haifa windet sich die Strasse, die wie ein Halsband um die Bucht liegt, hinauf zu den Palmen, die sich neigen und wieder aufrichten, hilflos im stummen gequälten Kampf gegen die vom Meer her wehenden Winde. Drunten der Naamain-Fluss, der sich traurig und müde in die tosenden Wogen ergiesst, die ihn mit ruhiger Beharrlichkeit zurückweisen. Von dort rollt der Bus die Strasse entlang, die nach Akka, nach Manschija, Samirija, Masraa und schliesslich nach Naharja führt, dann biegt er nach Osten ab und durchquert einige Dutzend Dörfer. Unterwegs setzt er da einen Fahrgast ab, dort einen Korb, einen Brief für einen geduldig wartenden Mann, einen Mann für eine ungeduldig wartende Frau.

Ein Mann sagte zu seinem Nachbarn: »Dieser Bursche spielt nicht schlecht Flöte.«

Doch der andere antwortete nicht. Er schaute aus dem Fenster und liess die Melodie auf sich wirken.

Der kleine Junge lehnte sich mit dem Kopf gegen die alte Frau, die neben ihm sass, und schlief ein. Eine andere Frau, die ihn auch nicht kannte, holte ein mit Ei belegtes Brot hervor und wartete, bis er aufwachen würde; dann wollte sie es ihm geben. Der Fahrer trällerte zur Melodie der Rohrflöte ein Lied von einem jungen Mann, der einen Berg aufhob und ihn auf das Haus seiner Geliebten setzte, als sie zögerte, mit ihm in eine Höhle zu fliehen, in der es nichts gab als eine Matte, ein Brot, einige Oliven und seine Brust.

Draussen tauchte Akka auf. Zuerst der Friedhof, rechts der Strasse, bei der Biegung. Dann eine Station zur Linken. Danach die Häuser aus Jerusalemer Stein. Dahinter erstreckte sich der Volkspark, in dem die hohen Bäume gelb blühten. In der Ferne zeigten sich die Zinnen und Türme der Mauer aus braunem Stein, aus deren Spalten das Gras hervorschaute. Zur Rechten zogen sich zahllos die Reihen neuer Häuser dahin, klein und mit Jujuben bewachsen. Am Horizont sah man den Fachar, jenen majestätischen Berg mit seinem flachen Gipfel und seinem sanften Fuss, übersät mit den Gräbern von Soldaten, denen ihre Beharrlichkeit nichts eingebracht hatte als den Tod und die nicht weiter sehen als die Mauer. Dann, zur Linken, das steinerne Gebäude der Gesundheitsverwaltung und die lange Reihe der Reparaturwerkstätten, Tag und Nacht behütet von den unzähligen Reifen, welche sich wie Tonnen vor ihren fettverschmierten Toren auftürmen, und Autowracks, auf denen Pflanzen wuchern, während sie darauf warten, repariert, ausgeschlachtet oder vom Rost zerfressen zu werden.

Ein Mann zog seinen Mantel aus und deckte den Jungen damit zu. Ein anderer, Salah mit Namen, nahm eine Orange aus seinem Korb, schälte sie und bot, wie es die Sitte verlangte, seinem Nachbarn zuerst davon an. Die beiden Männer unterhielten sich über die Olivenernte. Eine korpulente Frau, die im Jahr zuvor die Pilgerfahrt unternommen hatte, erzählte, wie die Juden in Jaffa ein Waisenhaus gesprengt hätten. Dort, wo die Iskandar-Awad-Strasse beginnt, hätten Kinderkörper und zerplatzte Orangen verstreut gelegen. Man habe nämlich die Sprengladung in einem Lastwagen voller Orangen versteckt und diesen vor der Treppe des Waisenhauses abgestellt. Ein alter Mann, der einen Turban trug, sagte: »Wer eine Waise tötet, dem wird Gott die Hände abschlagen. Gottes Kraft zur Rache unterliegt keinem Zweifel.«

Fünf Minuten vor Naharja wachte der Junge auf. Die Sonne brannte heiss. Ein Mann machte sich fertig zum Aussteigen. Am Strassenrand sah man einen mit Gemüse beladenen Karren, den ein kleiner weisser Esel zog. Die Flöte verstummte. Der Fahrer sagte ziemlich laut: »Gott steh uns bei.«

Die Männer blickten von ihren Sitzen auf die Strasse hinaus. Ahmed meinte: »Eine Patrouille.«

Doch Salah wusste es besser: »Nein. Das sind Juden.«

Die Frau, die die Pilgerfahrt gemacht hatte, sagte: »Gott sei uns gnädig.«

Dann hielt der Bus, und der Fahrer stellte den Motor ab.

»Aussteigen!«

Das rief ein Soldat in kakifarbener Uniform und mit einer kurzen Maschinenpistole, der seinen Kopf in den Bus streckte. Der Fahrer stieg als erster aus; er hielt den Jungen an der Hand. Dann liess man die Frauen hinaus. Danach folgten die Männer.

Zunächst wurden die Leute gründlich untersucht. Dann schaute man in die Körbe und öffnete die sorgfältig verschnürten weissen Bündel. Nachdem die beiden Soldaten ihre Aufgabe erfüllt hatten, meldeten sie ihrem Vorgesetzten, einem kleinen fetten Mann mit einer kurzen Pistole am Gürtel und einem schwarzen Stock in der Hand, sie hätten in den Körben und Bündeln keine Waffen gefunden.

Der kleine Vorgesetzte sagte zu einem Soldaten, der neben ihm stand: »Nimm den Jungen!«

Dann machte er seinen Männern mit dem Finger ein Zeichen, worauf diese die Männer und Frauen am Strassenrand in einer Reihe aufstellten, direkt vor einem Wassergraben. Er zählte sie und sagte auf hebräisch: »Fünfzehn.«

Er schlug sich leicht mit seinem Stock ans Bein. Der Junge stand neben ihm; er begriff nicht, was vor sich ging. Dann trat der Vorgesetzte mit kurzen energischen Schritten vor die wartende Reihe: »So ist der Krieg, ihr

Araber … Ihr seid ja, wie ihr selbst sagt, immer tapfer. Wir dagegen sind bloss Ratten … He, du da, komm her!«

Hinter dem Bus trat eine mit kurzen Hosen bekleidete junge Frau hervor, über deren Schulter eine Maschinenpistole hing. Sie postierte sich breitbeinig auf der anderen Strassenseite.

»Das ist heute dein Anteil.«

Sie fielen in den Graben. Ihre Gesichter und ihre Hände versanken im Schlamm. Sie lagen übereinander, ein einziger, grosser, blutdurchtränkter Haufen. Unter ihren Körpern lief das rote Blut wie ein Faden hervor, sammelte sich und floss mit dem Wasser nach Süden.

Der fette Mann wandte sich dem Jungen zu, beugte sich ein wenig hinab und zog ihn schmerzhaft am Ohr: »Hast du's gesehen? Merk's dir gut und erzähl es weiter …« Dann richtete er sich wieder auf, schlug dem Jungen mit seinem Stock auf den Rücken und stiess ihn nach vorn: »Los, hopp, renn, so schnell du kannst. Ich zähl bis zehn. Wenn du dann noch nicht weit genug weg bist, schiess ich auf dich.«

Im ersten Augenblick konnte es der Junge nicht fassen. Zwischen dem Graben und der jungen Frau mit den nackten Beinen stand er wie angewurzelt da – reglos wie die Bäume um ihn herum. Sein Mund stand offen und gab die schadhaften Zähne frei. Im nächsten Moment folgte ein weiterer Schlag mit dem schwarzen Stock. Er glaubte, die Haut werde ihm abgeschunden. Da gab es für ihn nichts anderes mehr, als Hals über Kopf davonzulaufen.

Die Strasse vor seinen Augen verschwamm hinter einem Schleier aus Schwindel und Tränen. Dennoch drang ihr dröhnendes Lachen an sein Ohr. Da blieb er stehen. Er wusste nicht, wie und warum. Doch er blieb stehen. Steckte seine Hände in seine Hosentaschen und ging mit ruhigen, festen Schritten weiter, mitten auf der Strasse, ohne sich umzusehen.

Und er begann, langsam vor sich hin zu zählen: »Eins, zwei, drei …«

Beirut, Mai 1969

Das Maschinengewehr

Allen war er bekannt ... Sein Gesicht war ihnen vertraut, es gehörte für sie zum Dorf: Dieses kantige Gesicht, über das sich zwei Augenbrauen zogen, die dort zusammentrafen, wo eine Falte das obere Ende seiner Nase markierte – seiner platten Nase, die unten in zwei weite Kreise überging, oberhalb des dichten aschgrauen Schnurrbartes, der seine Oberlippe verdeckte. Sein Kinn war breit und scharf. Man hatte den Eindruck, es sei unmittelbar aus seiner Brust herausgeschnitten und sein dicker Hals sei abgefeilt.

Said al-Hamduni sprach selten über seine Vergangenheit, er sprach immer über Künftiges, und er wich nicht von seiner Überzeugung ab, morgen werde es besser sein als heute. Aber die Leute von as-Salma gaben untereinander, mit allerhand Übertreibungen, »Informationen« über Said al-Hamduni zum besten, aus den Tagen, da er 1936 revolutionäre Gruppen führte. Man erzählte sich im Dorf, Said sei aus der Haft entlassen worden, da man ihm nichts habe nach weisen können. Andere wussten zu berichten, er sei überhaupt nie verhaftet worden. Wie dem auch sei, jetzt gehörte er zum Dorf, und die Jungen verbanden mit seinem Gesicht alle Gefühle und Vorstellungen, die sie einem trefflichen Mann zuschreiben, der durch harte Bewährungsproben hindurchgegangen war.

Dann kam Said einmal aus Jaffa zurück und brachte ein Maschinengewehr mit. Fast eine ganze Woche habe er damit verbracht, das Geld dafür aus Spenden zusammenzubringen. Die Bewohner von as-Salma waren jedoch fest davon überzeugt, dass man das Geld für ein Gewehr dieser Art nicht aus Spenden zusammenbringen könne, zogen es aber vor, nichts zu sagen. Denn dieses prächtige Gewehr zu besitzen war viel wichtiger, als zu erfahren, wie man dazu kam. Das Dorf hatte eine moderne Waffe bitter nötig; und wie sollte es in den Besitz einer solchen kommen?

Said al-Hamduni wusste wohl, was er kaufte. Dieses Gewehr, dieses Maschinengewehr war ein Garant für die Abweisung von jedwedem grimmigen jüdischen Angriff. Es war eine moderne Waffe, und das Dorf hatte sie bitter nötig. Warum also sollte man sich darüber Gedanken machen, wie man dazu kam?

Doch wenn die Männer von as-Salma schwiegen, hiess das nicht, dass es die Frauen auch taten. Sie quälte die Frage weiterhin, und als sie niemanden fanden, der ihnen einen Hinweis auf den wahren Sachverhalt gab, vermochten sie sich selbst einzureden, Said al-Hamduni habe in der Revolution von 1936 ein Gewehr dieser Art gerettet, hinter dem er Grosses geleistet habe. Er habe es dann im Gebirge versteckt, bis nun die Zeit gekommen sei, es aufs neue zu verwenden ... Doch tief drinnen nagte die Frage weiter an den Bewohnern von as-Salma. Es war eben kaum möglich, dass jemand das Geld für ein Maschinengewehr zusammenbrachte ... Woher also brachte Said al-Hamduni dieses Gewehr? Ja, woher?

Wichtiger war jedoch, dass dieses Gewehr zu einer gewaltigen Kraft wurde, die sich auf die Bevölkerung von as-Salma übertrug. Für sie bedeutete es vieles; vieles, was ihnen bewusst war, und noch mehr, was ihnen nicht bewusst war, was sie aber spürten – beunruhigend undeutlich. Alle Männer und Burschen knüpften ihr Leben fest an die Existenz dieses Gewehrs, aus dessen schwerem Rattern beim Übungsschiessen jeden zweiten Abend sie ein Gefühl der Sicherheit schöpften.

Da man nun eine Sache mit einer anderen verbindet, wenn beide zusammen auftreten, verbanden die Leute das Gewehr mit Said al-Hamdunis kantigem Gesicht. Es gab niemanden mehr, der das eine vom anderen trennte, wenn er über die Verteidigung as-Salmas sprach. Said al-Hamduni wurde notwendig, ja grundlegend für das Gewehr, er machte es erst vollkommen, und wenn die Leute über Said redeten, spürten sie, dass er ein wesentlicher Bestandteil des Gewehrs war – wie der Patronengurt, wie die beiden Füsse, wie der Lauf. Alles gehörte zusammen, die Teile waren nicht voneinander zu trennen. Ja, mehr noch, Said al-Hamduni verknüpfte sein eigenes Leben fest mit der Existenz des Gewehrs. Ihm gab das Gewehr ein Gefühl der Zuversicht, ein Gefühl der Stärke. Er dachte ständig an das Gewehr, pflegte es immerzu, und man sah ihn fast nur noch, wie er die jungen Männer des Dorfes in seiner Handhabung ausbildete. Am Ende der Übungsstunden zeigte er ihnen dann den Ort, an welchen er den Lappen zur Reinigung des Gewehrs legte.

Doch im Laufe der Zeit trat eine Veränderung bei Said al-Hamduni ein. Er verlor seine Farbe und magerte ab. Die jungen Männer von as-Salma spürten, dass Said al-Hamduni alterte, dass die Lebhaftigkeit aus seinem Gesichtsausdruck und seiner Stimme wich. Er wurde jetzt schweigsam, so schweigsam, dass man in seiner Gesellschaft glauben konnte, er habe vergessen, dass man sich mit ihm unterhält. Man gewöhnte sich auch daran, ihn as-Salma schnellen Schrittes in Richtung Süden verlassen zu sehen, dorthin, wo er das Gewehr in Stellung brachte, um allein bis zum Abend daneben zu sitzen.

Dieser gewaltige … ruhige … revolutionäre Mann! Hätte jemand geglaubt, er werde wie eine Baumwollflocke an der Kardätsche eines Baumwollkremplers zittern? Man stiess seine Haustür auf. Der Morgen graute kaum. Vor ihm stand ein grosser schwarzer Haufen. Man trampelte auf den Boden. Die Stimme eines Mannes drang an sein Ohr, eine Stimme, in der das Elend der ganzen Menschheit mitschwang: »Das Maschinengewehr … es ist kaputt. Das Rohr hält nicht … Die Juden rücken näher.«

Said al-Hamduni spürte, wie ihm mit gewaltiger Kraft etwas aus seinem Innern gezogen wurde, etwas, was preiszugeben ihn schmerzte, etwas, ohne das er nicht weiterleben konnte, etwas wie sein Herz … All das spürte er, während er über die noch schlafenden fahlen Felder rannte – der Morgen begann zu grauen. Schliesslich stand er bei dem Maschinengewehr – es lehnte wie ein totes Kind an dürren Asten. Alles war ruhig, nur ein paar dünne Gewehrschüsse versuchten vergebens, der Niederlage zu trotzen.

Said al-Hamduni schüttelte den Kopf, als müsse er sich über den Verlust seines Sohnes trösten. Dann dachte er nach: Das musste doch zu machen sein … sicher … etwas Kräftiges, eine Zange oder so etwas musste das wacklige Rohr im Maschinengewehr festhalten, etwas Kräftiges …

»Hör zu! Ich werde das Rohr mit der Hand im Maschinengewehr festhalten. Du versuch zu schiessen. Wir haben keine Minute mit Reden zu verlieren. Lass es uns probieren!«

»Aber …«

»Schiess!«

»Die Juden werden uns sehen, wenn du ausserhalb des Schützenlochs liegst.«

»Schiess!«

»Du wirst dir die Hände am Rohr verbrennen.«

»Schiess … schiess!«

Schwer begann das Maschinengewehr zu rattern, und bei jenem geliebten Klang spürte Said al-Hamduni sein Innerstes, das sich so lange von der Revolution, vom Blut, vom Kampf in den Bergen genährt hatte. Er spürte, das war das Ende; das Ende, das er lange schon ersehnt hatte, jetzt kam es langsam näher. Wie hässlich der Tod doch ist! Wie schön es doch ist, dass der Mensch sich sein Schicksal selbst auswählen kann. Durch die Schüsse hindurch hörte er sich sagen: »Hör zu! Ich muss dir etwas Wichtiges anvertrauen.«

Wiederum lauschte er dem Maschinengewehr. Sein Klang gab ihm neues Vertrauen; er suchte seinen Schmerz hinunterzuschlucken.

»Ein wenig jenseits von Abukbir liegt ein Tuberkulose-Krankenhaus. Du kennst es? Gut! Man schuldet mir dort noch Geld. Man hat mir gesagt, ich solle wiederkommen, es abholen, wenn man mein Blut untersucht habe. Ich bin sicher, dass mein Blut in Ordnung ist … Jedesmal hat man mir gesagt, man wolle es untersuchen. Wie wenn sich das Blut eines Menschen in anderthalb Wochen verändert … Hör zu! Das Maschinengewehr ist noch nicht ganz bezahlt. Den Namen des Waffenhändlers findest du bei mir zu Hause. Er wohnt in Jaffa. Einen grossen Teil habe ich aus Spenden bezahlt. Es hat fast gereicht. Wusstest du, dass man Blut um recht viel Geld verkaufen kann? Wenn ich nur noch zwei Monate lebte! Zwei Monate, dann hätte ich das Maschinengewehr vollends bezahlt. Ich habe ihnen immer gutes Blut gegeben für gutes Geld. Nimm Hassan und Hussein mit, wenn du zu dem Krankenhaus gehst … Du willst doch, dass euch das Maschinengewehr bleibt? … Hassan und Hussein, meine beiden Jungen, kennen den Weg dorthin. Sie haben mich jedesmal begleitet. Wir haben alle gutes Blut, sehr gutes. Das kommt von der Milch, mit der man uns gestillt hat, jawohl … Ich will dir noch etwas sagen: Wenn die Juden sich diesmal zurückziehen, wird es das letztemal sein, dass sie von dieser Seite her angreifen … Sie werden sich fürchten. Ihr müsst dann das Maschinengewehr nach Norden nehmen, denn der nächste Angriff wird von dort erfolgen.«

Das Feuer frass sich immer unbarmherziger in seine Hand. Er spürte deutlich, wäre er so gesund und kräftig gewesen wie früher, hätte er es besser ertragen als so. Ein Gefühl der Reue beschlich ihn, dass er das Maschinengewehr auf diese Weise beschafft hatte. Doch dann hatte das Maschinengewehr noch eine andere Seite, eine wichtige Seite – er spürte es genau: Es verlieh ihm Bedeutung, vor seinem Tod und über seinen Tod hinaus ... Er schloss die Augen und versuchte angestrengt, sich aus dem Gefängnis seiner Existenz zu befreien, um seinen Schmerz zu vergessen; doch er vermochte es nicht. Schwer liess er sein Knie auf die Erde sinken.

Während das Maschinengewehr regelmässig, erbarmungslos arbeitete, durchzogen vielfache Empfindungen Said al-Hamduni. Ihm war, als ob Millionen Nadeln in seine Adern drängen und absaugten, was ihm an Blut noch verblieben war. Er spürte alle seine Extremitäten zusammenschrumpfen wie Blätter im Herbst. Mit letzter Kraft versuchte er, sein Haupt zu heben, um den Duft des Lebens einzuatmen. Jedoch plötzlich fand er sich in einem Backofen der Art wieder, wie sie in as-Salma zahlreich waren – in der Nähe eines solchen hatte er in seiner Jugend lange gewohnt. In einem solchen fand er sich wieder, Seite an Seite mit den Laiben, die unter den züngelnden Flammen gebacken wurden. Klar und deutlich sah er die Bläschen, die sich im heissen Teig bildeten. Sie lösten sich von den flachen Laiben und setzten sich an seinen Lippen fest. Eine unbarmherzige Hand drückte ihn nieder, immer tiefer ... Er hörte seine Halswirbel schwer und regelmässig krachen – unter der Last seines Kopfes zerbrachen sie. Nein, er wollte nicht sterben, und dieser Gedanke gab ihm nochmals Kraft. Er merkte, dass nicht seine Nackenwirbel krachten, sondern das Maschinengewehr ratterte. Ein seltsam tröstliches Gefühl überkam ihn, ein Gefühl, wie ein Vater es beim Anblick seines Sohnes empfindet, dessen Bruder gestorben ist. Voller Zuversicht lächelte er, verliess den Backofen. Doch er spürte, dass seine Füsse den Boden nicht mehr berührten.

Das ganze Dorf geleitete ihn zu seiner letzten Ruhestätte – oder der ersten. Wer weiss?

Damaskus, 12.8.1957

Der Mann, der nicht starb

Kaum hatte Herr Ali es sich auf seinem Platz im Omnibus bequem gemacht, als sein Blick auf das Gesicht von Frau Seinab fiel, die auf der anderen Seite des Busses sass. Ein Gefühl von Unruhe und Scham überkam ihn, ja, einen Augenblick lang glaubte er sogar, er würde sich nicht rühren, sollte Frau Seinab ihn erblicken und ihm ins Gesicht spucken … Er versuchte, sich hinter der Zeitung zu verstecken, zog es gleich darauf aber vor, sich zum Fenster zu drehen und auf die Strasse hinauszuschauen.

Es gab einmal eine Zeit – fünfzehn Jahre waren seither vergangen –, da war Herr Ali glücklich, wenn er Frau Seinab sah, so glücklich wie ein Städter, der im Café eines unbekannten Dorfes ein Glas sauberes Wasser findet. Und obgleich nichts Herrn Ali zwang, Frau Seinab besondere Achtung entgegenzubringen, fühlte er sich doch dazu genötigt, ja, er hoffte, von ihr eines Tages für seinen Sohn die Hand ihrer Tochter erbitten zu können, trotz der weiten Kluft zwischen ihnen – ihm, dem Grundbesitzer, und ihr, der einfachen Bauersfrau, die zehn Dunam seines Landes gepachtet hatte.

Frau Seinab und ihr Mann, darüber war sich Herr Ali im klaren, gehörten zu den tüchtigsten Bauern, die er in seinem Leben gesehen hatte, und dank dieser Tüchtigkeit konnten sie ihre Tochter in die Stadt auf die Schule schikken, obwohl sie kräftig war und ihnen bei der Landarbeit hätte zur Hand gehen können. Auch war Frau Seinabs

Haus von einer erstaunlichen Sauberkeit; während die Fliegen das Haus von aussen wie eine schwarze Wolke umlagerten, bedurfte es schon einer gewaltigen Anstrengung, drinnen auch nur eine einzige Fliege zu entdecken. Wie oft ihn das in Erstaunen versetzt hatte!

Frau Seinab hatte auch einen Sohn. Dieser war kräftig wie drei Bauern. Wenn er auf dem Feld arbeitete, schaute er nie auf, nicht einmal wenn Herr Ali mit seinem Gefolge aus Rechnungsführern und Günstlingen vorbeiging.

Einmal hatte Herr Ali gespürt, dass die Leute ihn nicht wirklich achteten. Damals ging er an Frau Seinabs Haus vorbei und hörte sie hinter ihm herrufen – ihre Stimme hatte einen merkwürdigen Klang: »Man sagt, du willst dein Land verkaufen.«

Er drehte sich um. Sie stand gegen einen Holzstoss gelehnt. In ihren Augen lag ein Blick, wie er ihn an ihr nicht gewöhnt war.

»Ich habe mich entschlossen, in meinen Heimatort zurückzukehren. Du weisst, ich bin nicht von hier. Es wird Zeit, dass ich zurückgehe. Übrigens, wie geht es dem Fräulein Tochter?«

Doch der merkwürdige Blick wich nicht aus Frau Seinabs Augen, und als hätte sie überhaupt nicht gehört, was er gesagt hatte, fuhr sie im selben Ton fort: »Man sagt auch, ein Jude habe dir ein Angebot gemacht.«

Da spürte Herr Ali, wie ihn der seltsame Blick beunruhigte. Er glaubte, er müsse ihr einen Schritt entgegenkommen, um ihr Vertrauen zu gewinnen: »Wenn ich aus jenem Juden fünfzig Prozent mehr herausholen kann, als er bisher geboten hat, wird der Handel perfekt …« Ihr Blick wich nicht von seinem Gesicht, und er beeilte sich hinzuzufügen: »Das ist ein grossartiges Geschäft! Hör zu! Wenn ich meinen Besitz für weniger verkaufen würde, müsstet ihr allesamt das Land verlassen und euch nach was anderem umsehen; ich bin nämlich nicht bereit, den halben Landpreis dranzugeben, um euch zu helfen … Ist das etwa nicht richtig?«

Frau Seinabs Augen blieben weit offen, doch sie stellte keine weiteren Fragen. Sie hob ihre Arme und verschränkte sie auf der Brust.

Er hielt es für nötig, rasch seinen Gedankengang zu erläutern: »Wenn ich für das Land einen guten Preis erziele, bin ich in der Lage, jedem Pächter etwas Geld zu geben, damit er sich anderswo einrichten kann … Das ist besser, als im Hafen als Lastträger zu arbeiten … Stimmt's etwa nicht?«

Er erwartete eine Antwort. Doch Frau Seinab sagte ruhig, als hätte sie wieder keiner seiner Erklärungen Gehör geschenkt: »Du darfst das Land keinesfalls an den Juden verkaufen, Herr Ali …«

»Aber wenn ich es nicht verkaufe, kriegt ihr keinen Groschen, der euch später nützlich sein kann. Ist's nicht so?«

»Du darfst das Land keinesfalls an den Juden verkaufen, Herr Ali …«

Da erkannte er, dass er anders vorgehen müsse. Es wurde ihm klar, dass der freundliche Umgangston, den er mit seinen Bauern pflegte, nicht am Platz war. Er riss sich zusammen, pflanzte sich vor ihr auf und rief mit bebender Stimme: »Schliesslich und endlich ist das meine Sache!«

Dann machte er kehrt und ging nachdenklich nach Hause … Diese Frau Seinab … wirklich seltsam. Sie denkt nicht mit dem Verstand. Sie besitzt keinen Groschen, und wie sagt nicht das Sprichwort: »Wer keinen Groschen besitzt, ist keinen Groschen wert.« Trotzdem sieht es ganz so aus, als würde sie sich weigern, eine solch einmalige Gelegenheit wahrzunehmen. Mit was für einem Gehirn denken die denn? Er kannte die Mentalität dieser Bauern. Verkaufte er sein Land, würde sie ihre Tochter niemals seinem Sohn zur Frau geben, ja, sie würde sich nicht einmal mehr gestatten, ihn ihr Haus betreten zu lassen … Es schmerzte ihn, dass seine Beziehung zu Frau Seinab so enden sollte. Doch dann dachte er wieder an die gebotene Summe … Wer weiss, … vielleicht konnte er ja Frau Seinabs Gunst durch ein Bündelchen Geldscheine gewinnen?!

An jenem Abend ging er früh zu Bett. Doch nach kurzer Zeit weckten ihn Schritte unter dem Balkon seines Zimmers. Erst glaubte er, er träume noch … Doch dann vernahm er deutlich ein Flüstern unter dem Balkon: »Herr Ali …«

Noch bevor er die Balkontüre erreicht und geöffnet hatte, hörte er jemanden mit klarer Stimme rufen: »Wenn du dein Land verkaufst, werden dich die Bauern umbringen.«

Als Herr Ali ans Balkongeländer trat, konnte er nur eine schemenhafte Gestalt erkennen, die sich im Feld versteckte … Von innerer Unruhe gequält, ging er zurück ins Bett.

Herr Ali dachte sofort daran, dass ihm ein boshafter Bauer einen Streich spielen wollte, weil er sich davon einen kleinen Gewinn erhoffte; oder es handelte sich, auch daran dachte Herr Ali, um ein Mitglied eines jener Komitees, die sich zur Überwachung des Landverkaufs an Juden gebildet hatten … Nun ja, wie dem auch sei … Er würde mit einemmal genügend Geld haben, um jede vorlaute Zunge zum Schweigen zu bringen …

Dann verkaufte er sein Land, und zwar an jenen Juden, der ihm fünfzig Prozent mehr als den zunächst gebotenen Preis bezahlte … Er hatte den Handel erfolgreich abgeschlossen, doch auf dem Nachhauseweg überkam ihn wieder diese Unruhe … Denn als er an Frau Seinabs Haus vorüberging, hörte er sie rufen – ihre Stimme hatte wieder jenen merkwürdigen Klang: »Man sagt, du hast dein Land verkauft …«

Herrn Alis Stimme bebte ein wenig, als er antwortete: »Ja, ich habe es verkauft … Ich möchte gern in meinen Heimatort zurückkehren … Du weisst, ich bin nicht von hier … Ich bin jetzt alt … hm … nicht wahr?«

Doch Frau Seinabs Gesicht blieb unbewegt. Sie sagte: »Herzlichen Glückwunsch!«

Es klang seltsam kalt.

Dann wandte sie sich um und ging ins Haus zurück … Herr Ali stand wie vom Donner gerührt … Er fürchtete, ein weiteres Opfer jener Fanatiker zu werden, die einem nicht einmal erlaubten, etwas Geld zu verdienen. Doch schnell verwarf er diesen Gedanken. Er konnte ja die Gunst aller seiner Bauern mit dem Geld erkaufen, das er jedem von ihnen versprochen hatte. Danach würde er nicht mehr lange auf diesem verfluchten Land bleiben, das einem die sauer verdienten Groschen wieder aus der Hand riss.

An jenem Abend vernahm Herr Ali ganz deutlich schwere Tritte unter seinem Balkon, und noch bevor er sich aus seinem Bett erhoben hatte, hörte er eine Stimme, die ruhig rief: »Herr Ali …«

Innerlich lachte Herr Ali. Er sagte sich, jener Fanatiker wünsche wohl, ein kleines Geschäft mit ihm zu machen …

Im Augenblick, da er die Tür öffnete, krachten vier Schüsse. Es kam ihm so vor, als höre er unter dem Balkon hastiges Reden und unterdrücktes Schreien. Er fühlte, wie ihm warmes Blut am Hals herunterlief, versuchte, sich an der Tür festzuhalten, griff aber daneben und stürzte …

Doch Herr Ali starb nicht … Schon eine Woche später konnte er Frau Seinab einen Besuch machen, die, ein Tuch flickend, vor ihrer Tür sass. Als er sie mit unsicherer Stimme grüsste, schaute sie auf und sagte ruhig: »Wir haben von eurem Unfall gehört …«

Sie schüttelte den Kopf, als wolle sie ihm ihr Mitgefühl ausdrücken. Er sah sie auf die lange, von der Schläfe bis zum Hals reichende Wunde schauen, die unter einem weissen Verband verborgen war. Dann setzte sie ihre Arbeit fort.

»Ich bin gekommen, euch einen bescheidenen Geldbetrag zu geben, von dem du leben kannst, wenn euch der neue Grundbesitzer fortschickt.«

Frau Seinab blickte nicht auf von ihrer Arbeit. Herr Ali spürte, dass er unerwünscht war. Er legte ein Bündel Geldscheine auf den alten Stuhl und versuchte, Frau Seinab ins Gesicht zu schauen. Doch sie rührte sich nicht. Ein plötzlicher Windstoss liess die Geldscheine umherflattern. Der Diener las sie eilends zusammen. Frau Seinab blickte nicht einmal von ihrer Arbeit auf. Ihr Gesicht war verschlossen, hart. Es schien Herrn Ali, als sei sie drauf und dran, in Tränen auszubrechen ... Doch er rührte sich nicht von der Stelle, fand es sonderbar, dass Land einen solchen Wert haben sollte, dass eines Menschen Gesicht von Schmerz und Kummer gezeichnet sein sollte, wenn er es verlassen muss ... Jedenfalls schmerzte es ihn, dass das Verhältnis zwischen ihm und Frau Seinab so gespannt geworden war.

Plötzlich spürte er die Wunde zwischen Schläfe und Hals seltsam heftig schmerzen. Sein Blick fiel auf die Geldscheine, mit denen der Wind spielte und hinter denen der Diener herrannte. Da fühlte er sich auf unerklärliche Weise beschämt. Er hob seine Hand und betastete den Verband auf der langen Wunde, die zwischen Schläfe und Hals eingegraben war.

Danach blieb Herr Ali nicht mehr lange. Unmittelbar nach seiner Genesung kehrte er in seinen Heimatort zurück und hat danach nie wieder etwas von seinen Pächtern gehört. Nun traf er hier auf Frau Seinab, die so ruhig im Bus sass, als arbeite sie noch immer vor der Tür in Mardsch Ibn Amer an ihrem Tuch.

Es stimmte, der Verkauf der Ländereien war einer der Gründe für das Unglück jener Menschen. Doch er konnte sich nicht vorstellen, dass dies alles geschehen sein sollte, nur weil er ein vorteilhaftes Geschäft mit einem Juden gemacht hatte … Nein, es wäre in jedem Fall passiert. Und doch schien ihm der Fluch des Landes anzuhängen, für immer. Er hatte das deutliche Gefühl, in dem Bus unerwünscht zu sein, und wartete darauf, dass dieser anhalte und er aussteigen könne … Es war ihm klar, dass Frau Seinab ihn beobachtete, und er drehte sich ganz bewusst nicht um … Doch unbewusst hob er seine grosse Hand, um die lange Narbe zu verdecken, die zwischen Schläfe und Hals eingegraben war.

Als Frau Seinab Herrn Alis Rücken sah und ihr Blick auf die Narbe fiel, die zwischen seiner Schläfe und seinem Hals eingegraben war, verspürte sie den Drang, zu ihm hinzulaufen und ihn mit dem Finger an die Schulter zu tippen, ja ihm ins Gesicht zu spucken, wenn er sich umdrehen würde.

Doch sie beherrschte sich … Herrn Alis Anblick rief Erinnerungen an längst vergangene Zeiten in ihr wach.

Alles in allem war Herr Ali kein schlechter Mensch, sagte sich Frau Seinab, wenn er nur nicht so schrecklich am Geld gehangen hätte … Die Bauern sagten immer über ihn, er würde auch seine Mutter verkaufen, wenn ihm jemand eine anständige Summe für sie böte … Wie oft hatten sie ihn das einzige ihm bekannte Sprichwort zitieren hören: »Wer keinen Groschen besitzt, ist keinen Groschen wert«! Die Bauern gaben sich mit dieser Weisheit zufrieden, bis eines Tages ein Bauer namens Abu

Ahmed auf Herrn Alis Ausspruch erwiderte: »In einem Pharaonengrab hat man mehrere Dutzend Pfund Gold gefunden … Wieviel ist der Pharao also wert?«

Die Bauern machten sich Abu Ahmeds Ausspruch schnell zu eigen; er wurde zur Waffe, die sie Herrn Ali immer entgegenhielten, wenn er ihnen seine Weisheit vom Groschen vortragen wollte … Jedenfalls behandelte Herr Ali seine Pächter und Hintersassen im grossen und ganzen anständig. Ja, irgendwann einmal wünschte sich Frau Seinab sogar, ihre Tochter Leila seinem Sohn Ahmed zur Frau zu geben. Sie hatte ihre Tochter aus keinem anderen Grund in die Stadt geschickt, als dass sie etwas lernen sollte, um besser zu Herrn Alis Sohn zu passen.

Doch alles kommt anders, als man es sich wünscht. Sie erhielt einen Brief von ihrer Tochter Leila, die auf der Schule in Haifa war. Darin schrieb sie, Herr Ali verhandle mit einem Juden über den Verkauf seines Landes, und bat ihre Mutter, Näheres in Erfahrung zu bringen.

Diese Nachricht beunruhigte Frau Seinab zutiefst. Sie sah sich in ihren Wünschen und in ihrer Meinung über Herrn Ali getäuscht. Als sie ihn tags darauf traf, war sie recht eingeschüchtert und zu nichts anderem imstande, als ihm mehrmals zu sagen: »Du darfst das Land keinesfalls verkaufen, Herr Ali …«

Als Herr Ali verärgert fortging, spürte sie eine seltsame Erleichterung. Sie seufzte tief. Es hatte sie eine ziemliche Anstrengung gekostet, ihren Standpunkt deutlich zu machen.

Am selben Abend kam Leila aus Haifa. Sie hörte erfreut, dass es ihrer Mutter gelungen war, Herrn Ali zu verärgern. Doch sie bestand darauf, ihr Bruder Hamdan solle Herrn Ali mit dem Tod drohen für den Fall, dass er sein Land verkauft. Sie sagte vieles, was Frau Seinab aber nicht verstand. Doch als sie ihren Mann und ihren Sohn zustimmend nicken sah, glaubte sie ihr.

Aber auch das, was dann geschah, entsprach nicht Frau Seinabs Vorstellungen. Am darauffolgenden Tag kam nämlich Herr Ali auf dem Weg nach Hause bei ihr vorbei. Sie hatte schon erfahren, dass er sein Land verkauft hatte, und er bestätigte es ihr mit unsicherer Stimme. Da sagte sie schneidend kalt: »Herzlichen Glückwunsch!«

Sie wusste, welche Angst ihn quälte; denn jeden Tag geschah es, dass jemand den Juden etwas verkaufte und seine Landsleute ihn dafür mit Schlägen oder Schüssen bestraften. Frau Seinab war sich zwar im klaren darüber, dass Herr Ali die Bauern nicht gut verstand, doch er konnte unmöglich so töricht sein, dass er gar kein Verständnis für das Land hatte.

Am Abend nahm Hamdan sein altes Gewehr und ging mit Vater und Schwester zu Herrn Alis Haus. Frau Seinab glaubte nicht, dass Hamdan Herrn Ali töten werde; sie glaubte, er wolle ihm lediglich Angst einjagen. Deswegen war sie überrascht, als sie Gewehrschüsse hörte. Doch sie musste sich lange gedulden, bis sie ihren Mann mit zitternder Hand die Tür aufstossen sah und ihn mit rauher Stimme ausrufen hörte: »Er ist tot.«

Ihr Herz schlug schneller. Eine schreckliche Angst hatte sich ihrer bemächtigt ... Ein Satan hiess sie fragen: »Wer? Herr Ali?«

Und ein Gott liess ihren Mann mit rauher Stimme antworten: »Nein ... Hamdan!«

Ihr wurde schwindlig, ein drückendes Schweigen umhüllte sie. Es war ihr, als hätte sie noch nie in ihrem Leben jemanden reden hören, als weigerten sich ihre Ohren, irgend etwas zu vernehmen. Und wie im Traum erreichte sie die Stimme ihres Mannes – sie kam von jenseits ihrer Welt: »Die letzte Patrone ist explodiert und hat ihm Brust und Gesicht zerfetzt. Er ist tot ... tot ...«

Doch Frau Seinab rührte sich nicht. Sie sah ihren Mann, der wie wahnsinnig die Grabwerkzeuge zusammensuchte – um ein Grab für ihren Sohn zu schaufeln. Dennoch blieb sie ausserhalb der Welt, als sei sie nur ein Bild, aufgehängt an einer grossen Wand. Sie betrachtete alles, begriff aber nichts. Sie sah Hamdans Leiche, bedeckt mit trockenem Blut. Über ihn gebeugt weinte Leila, zitternd, schweigend. Doch sie rührte sich nicht. Frau Seinab sah ihren Mann die Leiche auf der Schulter aus dem Haus tragen. Als ihr Mann dann zurückkam, Tränen in den Augen, ein Mann, der noch nie geweint hatte, als ihr Mann dann zurückkam, verschmutzt von der frischen Erde des Grabes – erst da stürzte sie zu Boden, als hätte jemand die Schnur durchgeschnitten, mit der das Bild aufgehängt war, und dieses wäre herabgefallen.

Herr Ali aber starb nicht. Sie musste ihn noch ein letztes Mal sehen. Er brachte ihr etwas Geld für ihren

Lebensunterhalt, sollte sie das Land verlassen. Und sie stellte sich vor, er wolle ihr den Sohn bezahlen. Sie war drauf und dran, in Tränen auszubrechen, doch sie fürchtete, er werde alles herausfinden, was geschehen war. So erlebte sie zum erstenmal, wie grausam und schmerzlich es ist, wenn ein Mensch weinen will, es aber nicht darf. Sie beobachtete das Geld, das im Wind umhertanzte. Doch sie rührte sich nicht. Ihr wurde ganz deutlich, wie niederträchtig sein Lieblingssprichwort war: »Wer keinen Groschen besitzt, ist keinen Groschen wert.« Wie hatte sie gewünscht, Herr Ali solle weggehen und sie lang und bitterlich weinen lassen. Doch Herr Ali blieb lange, und sie nahm sich zusammen – bis er schliesslich, von seinem Diener gestützt, aufbrach.

Hier sah sie ihn nun wieder, wie er ausstieg, mit seiner langen, tiefen Narbe zwischen Schläfe und Hals. Sie wusste nicht, warum ihr der Anblick von Herrn Ali nicht aus dem Sinn ging, von Herrn Ali, der versuchte, seine lange, tiefe Narbe zu verbergen, die sich von der Schläfe bis zum Hals zog. Und während sie so dasass und nachdachte, gewann sie die Überzeugung, dass Herr Ali sich dieser Wunde schämte und dass ihn jedesmal, wenn er beim Rasieren vor dem Spiegel steht, ein solches Gefühl von Scham überkomme, dass er am liebsten dem Spiegelbild ins Gesicht spucken möchte.

Zum erstenmal, seit sie ihr Land verlassen hatte, empfand sie so etwas wie Befriedigung darüber, dass Herr Ali nicht gestorben war, dass er noch immer lebte, dass er jeden Morgen seine lange, tiefe Narbe zwischen Schläfe und Hals betrachtete und an das Land erinnert wurde, das er verkauft hatte. Während sie auf die Strasse hinausschaute, dachte sie: Herr Ali wird uns sehen können, wenn wir auf das Land zurückkehren, das er verkauft hat … An jenem Tag wird er, wenn er die lange, tiefe Narbe zwischen seiner Schläfe und seinem Hals betrachtet, spüren, dass es etwas Grausameres gibt als den Tod … etwas viel Grausameres.

Kuwait, 1958

Die Eule in einem fernen Zimmer

Alle Aufnahmen in der Dezembernummer der indischen Zeitschrift *A*... waren prächtig; die prächtigste darunter war jedoch das Farbfoto einer regennassen Eule. Das Geheimnis seiner Schönheit lag sicher ebenso im richtigen Belichtungsmoment wie im raffinierten Aufnahmewinkel. Entscheidender aber war noch, dass es den typischen Blick einer Eule einfing, die sich im Dunkel einer mondlosen Nacht verborgen hält.

Ich war in meinem Zimmer, einer kahlen Junggesellenbude, der man die Einsamkeit und Verlassenheit ihres Bewohners deutlich ansah. Auf dem Boden lag Papier – weiss Gott, woher es stammte. Bücher türmten sich auf einem Tisch, der nur noch drei dünne Beine besass; das vierte war irgendwann einmal als Besenstiel benutzt worden, bald darauf jedoch verschwunden. Ein Haufen Kleider hing an einem langen Nagel, der in der Tür schon mehrere Löcher hinterlassen hatte, bevor er endlich an seiner jetzigen Stelle festhielt.

Ich betrachtete das prächtige Bild der Eule genau und sagte mir: Dieses Bild musst du aufhängen. Das gäbe dem Zimmer etwas Leben und eine persönliche Note.

Ich machte es dann auch wirklich an der Wand gegenüber meinem Bett fest und umrahmte es mit braunem Papier, damit es irgendwie zur Wand passte. So hatte also die Kunst ihren Weg in mein Zimmer gefunden, und ich schätzte mich glücklich, auf dieses Bild gestossen zu sein.

Als ich um Mitternacht zu Bett ging, fiel mein Blick plötzlich auf das Bild. Es war nicht sehr hell im Zimmer, und darum wohl erschien mir das Bild ausserordentlich hässlich. Der Kopf der Eule war ungewöhnlich gross und sah fast wie ein flaches Herz aus; der schwarze Schnabel war scharf gebogen und glich einer breiten Sichel; die weiten, runden, wütend blickenden Augen waren oben von zwei zornig geschwungenen Brauen verdeckt. Trotzdem wirkte ihr Blick aber auch verzweifelt und furchtsam; gleichzeitig kühn entschlossen. Er glich fast dem eines Menschen, der sich plötzlich, in einem kurzen Augenblick, zwischen Tod und Flucht entscheiden muss. Das Gesicht war furchterregend. Die runden, wie lebendig leuchtenden Augen blickten ins stille Zimmer, ihr lebhaftes Flackern bohrte sich durch meinen Schädel.

Mit scharfem Schnarren sagte sie: »Erinnerst du dich? Wir haben uns schon einmal getroffen.«

Ich löschte das schwache Licht und vergrub meinen Kopf in der verschwitzten, schmuddeligen Decke. Dennoch sah ich die beiden zornig-angstvollen Augen, sah sie die Dunkelheit durchbohren und mich anstarren. Das Gesicht der Eule beschwor einen schrecklichen Augenblick der Entscheidung zwischen Tod und Flucht herauf; es schien mich nie wieder loslassen zu wollen, war zudringlich, wütend, voll höhnischer Abscheu. Vergeblich waren alle meine Versuche, das Bild aus dem Kopf zu bannen. Etwas war ins kahle Zimmer und in mein Inneres eingedrungen. Das scharfe Schnarren hatte die Totenstille zerrissen; und noch immer klang es aus dem krummen schwarzen Schnabel: »Wir sind uns früher schon einmal begegnet … Erinnerst du dich?«

Plötzlich spürte ich, dass mir dieses Gesicht wirklich bekannt war, dass mich mit ihm eine unauslöschliche Erinnerung verband. Ja, ich kannte diesen durchdringenden Blick, diese zornigen Augen, die einer schrecklichen Entscheidung trotzig entgegensahen. Aber wo waren wir uns begegnet? Wann? Wie?

Alles schien in dichten Nebel gehüllt. Doch da war eine Erinnerung, die von weit her durchschimmerte. Aber sie war verschwommen, verlor sich in der Ferne. Eine Riesenwand stand zwischen ihr und mir. Dennoch, ich musste mich erinnern! Die zornigen Eulenaugen gaben mir unvermittelt die Gewissheit: Wir waren einander schon begegnet. Doch wann? Wie? Wo?

Ich stand vom Bett auf (unter derartigem Druck war an Schlaf nicht zu denken), zündete das Licht an und trat vor das Bild. Die Augen, zornig und weit, blickten noch immer aus diesem seltsamen, platten Gesicht. Der Schnabel, schwarz und krumm, glich noch immer einer breiten Sichel und passte auf brutale Art zum Ausdruck höhnischer Abscheu. Ins graue Gefieder mischte sich vorlautes Rot, und die Federn klebten büschelweise zusammen wie vom Regen durchnässte schmutzige Wolle.

Kurz darauf platzte die Erinnerung lärmend und tosend in mein Gedächtnis. Ein plötzlicher Schwindel erfasste mich. All die Erinnerungen, welche die gespenstische Eule in mir wachgerufen hatte, schienen durch die dichte Nebelwand hindurch, und plötzlich wusste ich, dass wir wirklich alte Bekannte waren.

Es war etwa zehn Jahre her. Ich wohnte in einem kleinen Dorf, in dem sich die Häuser über den schlammverschmutzten Gassen eng aneinanderdrängten. Noch heute sehe ich es, schemenhaft, aus längst vergangenen Zeiten herüberwinken. Ich war noch ein kleiner Junge, damals, als wir ohnmächtig mitansehen mussten, wie Palästina Meter um Meter verlorenging und wir Meter um Meter zurückgedrängt wurden. Die alten Gewehre in den schwieligen Händen der Männer zogen vor unseren Augen vorbei wie Fabelwesen, und der ferne Geschützlärm machte uns deutlich, dass jetzt gekämpft wurde, dass Mütter ihre Männer, Kinder ihre Väter verloren, während sie selbst stumm aus dem Fenster auf die Arena des Todes blickten.

Ich weiss nicht mehr, an welchem Tag es geschah. Sogar mein Vater hat das vergessen. Es war ein zu unheilvoller Tag, als dass man ihn mit einem Namen oder einer Zahl erfassen könnte; ein Tag, der in sich einen bedeutenden historischen Markstein bildete; einer der Tage, die in der Geschichte so wichtig sind, dass die Leute beispielsweise sagen: Das und das geschah einen Monat nach dem Tag des Gemetzels. Um solch einen Tag handelte es sich, zweifellos. Sonst hätten wir ihn gewiss unter einer Zahl, einem Namen oder einer Bezeichnung festgehalten.

Der Angriff begann kurz nach Mitternacht. Mein damals schon betagter Vater schulterte sein schweres Gewehr und sagte zu meiner Mutter: »Diesmal ist es ein Grossangriff.«

Selbst wir Kinder erkannten am Lärm der Geschosse, dass neue Waffen im Einsatz waren und dass der Angriff von einer anderen Seite als in früheren Fällen erfolgte. Schon waren Brandbomben im Dorf niedergegangen; mehrere Kinder waren in den Flammen eines Hauses umgekommen. Als wir durch den Spalt des niedrigen Fensters spähten, sahen wir schattenhaft die Gestalten gebückter Frauen, die Leichen ins Dorf schleppten; und wenn man aufmerksam horchte, konnte man gepresstes Schluchzen hören. Eine Frau, so erklärte uns meine Mutter, verlor mit ihrem Mann auch ihre Widerstandskraft.

Eine Stunde nach Beginn des Überfalls zogen sich unsere Männer zurück. Jetzt war hinter dem Dorf die Hölle los. Es sah aus, als ob die Sterne auf unsere Häuser niederregneten. Eine Frau, die einen Toten vor unserem Haus vorbeischleppte, keuchte: »Sie kämpfen mit den Äxten.«

Der Kampf mit den Äxten war den Männern unseres Dorfes nicht fremd. Die Axt war jedermanns Waffe, wenn die Gewehre ihren Lauf leergespuckt hatten. Man legte sie über die Schulter und kroch dann durchs trockene Gestrüpp. Vor den Kämpfern in den feuchten Gräben tauchten plötzlich die Umrisse eines knienden Mannes auf, die Hände, die schwere Axt umklammernd, so weit es ging über den Kopf erhoben. Dann sauste die Axt nieder, ein schwerer, dumpfer Schlag war zu hören, ein langgezogenes Stöhnen, gefolgt von einem heiseren Schrei, verlor sich in der Finsternis. Dann war wieder alles still.

Der Kampf mit den Äxten hatte also begonnen. Das hiess, dass die Männer sich gegenseitig abschlachteten und dass schon viele in den feindlichen Reihen gefallen waren und nun, die Hände fest um die Axt geschlossen, reglos auf der guten Erde lagen.

Unser Dorf verlor an Boden. Den alten Männern blieb nichts mehr übrig, als in ihre Häuser zurückzukehren. Wir sahen meinen Vater erschöpft nach Hause kommen. Ohne sich auch nur einen Augenblick aufzuhalten, ging er an eine alte Schublade, der wir uns nie hatten nähern dürfen. Er holte einen kleinen Revolver heraus, vergewisserte sich, dass er geladen war, und reichte ihn meiner Mutter. Dabei wies er mit den Augen auf uns, mich und meine Geschwister. Dann ging er wieder hinaus auf die Strasse.

Meine ältere Schwester begriff alles. Sie vergrub ihr Gesicht in den Händen und begann zu weinen. Meine Mutter, den Revolver in der Hand, trat zitternd ans Fenster.

In diesem Augenblick klopfte es an der alten Tür, die unser Haus mit dem Nachbarhaus verband, die wir aber nie benutzten. Unser Nachbar, ein alter Mann, rief mit zitternder Stimme: »Aufmachen, aufmachen!«

Meine Mutter zog die knarrende Tür auf, und der alte Mann drängte verstört ins Zimmer. Er schaute uns alle an, einen nach dem anderen. Dann trat er zu meiner Mutter und flüsterte ihr etwas ins Ohr. Sie machte ein ablehnendes Zeichen, worauf er noch eindringlicher flüsterte. Meine Mutter wurde unschlüssig. Schliesslich nickte sie mit dem Kopf und gab mir zu verstehen, ich solle dem alten Mann in sein Haus folgen.

Hinter ihm betrat ich ein warmes, mit bunten Teppichen ausgelegtes Zimmer. Der alte Mann zog einen Vorhang beiseite und holte dahinter eine kleine Kiste hervor; diese legte er mir vorsichtig auf die Arme. Sie war schwerer, als sie aussah, und ich fragte mich, was darin sein könnte. Die Antwort erhielt ich aus dem zahnlosen Mund des alten Mannes: »Es sind Granaten drin, die mein verstorbener Sohn hier versteckt hat.«

Und bekümmert nickte er mit dem Kopf.

Beim Wort »verstorben« horchte ich auf; es war hier nie zuvor gefallen. Ein Gefühl der Angst beschlich mich, während der alte Mann fortfuhr: »Die Juden sind drauf und dran, ins Dorf einzudringen. Wenn sie das bei mir finden, kann es schlimm für mich ausgehen.«

Er sprach langsamer und bewegte dabei warnend den Finger vor meinem Gesicht: »Du bist noch klein und kommst leicht durch den Garten ... Ich möchte gern, dass du diese Kiste ganz auf der anderen Seite des Gartens vergräbst, unter dem grossen Feigenbaum ... Vielleicht können wir sie später noch brauchen.«

Ich war glücklich, mich an einer Heldentat beteiligen zu können, und rannte hinaus. Doch auf dem Weg zum Garten packte mich furchtbare Angst. Mein Herz schlug heftig, und etwas in mir drängte mich, die schwere Last wegzuwerfen und zurückzulaufen. Doch dachte ich daran, dass meine Mutter mich sicher vom Fenster aus beobachtete – Brandbomben erhellten den Himmel; Leuchtkugeln stiegen auf und zeichneten Linien an den Horizont, die in grellen Blitzen endeten. In den furchtbaren Augenblicken, die jeder Explosion folgten, hörte man die noch verbliebenen Männer auf dem Weg in den Kampf singen. Ihre Lieder schienen aus einer anderen Welt emporzuklingen, einer Welt, in welcher der Mensch sich im Sterben an die letzten schönen Gesänge klammert, die er dann im Jenseits zu Ende singt.

Gebückt durchquerte ich den Garten. Geschosse strichen mit leisem Pfeifen über die Baumwipfel. Der alte Feigenbaum stand ganz auf der anderen Seite. Als ich ihn schliesslich erreicht hatte, spürte ich eine unerklärliche Begeisterung. Mit einem harten Stück Holz begann ich zu graben.

In dem Augenblick, als ich die Kiste in das Erdloch legte, hörte ich hoch oben im Baum einen schrillen Schrei. Ich erschrak fürchterlich; meine Knie gaben nach. Zitternd blickte ich durch die Zweige nach oben – und sah sie, im Licht der Flammen, die in den Himmel über dem Dorf aufstiegen. Sie sass da und starrte mich an mit zwei grossen wütenden Augen, die oben von zwei Brauen verdeckt waren. Ihr grosser Kopf, der wie ein flaches Herz aussah, wiegte gleichmässig hin und her. Ihr Gefieder war durchnässt vom Regen, der früher am Abend gefallen war. Aus ihren Augen blitzte eine merkwürdige Mischung aus Zorn und Furcht. Sie starrte durch die Dunkelheit auf mich, unverwandt und reglos.

Mein Schrecken legte sich, und ich nahm meine Arbeit wieder auf. Als ich fertig war, schaute ich mir die Eule genau an. Sie sass noch immer wie zuvor. Das Licht der Geschosse, das immer wieder aufblitzte, legte gespenstische

Schatten auf ihre Augen, und ich gewann den Eindruck, sie werde sich durch nichts, durch gar nichts vertreiben lassen, werde bleiben, Kugeln und Tod zum Trotz.

Ruhig und gefasst ging ich zum Haus zurück. Die Furcht, die ich gehabt hatte, bevor ich die Eule gesehen hatte, war von mir gewichen. Dann drängte es mich, kurz stehenzubleiben und sie nochmals anzuschauen. Noch immer wiegte sie ihren platten Kopf, ernst mahnend wie ein Mensch. Und im Licht einer fernen Explosion sah ich in ihren Augen Mut und Trotz, auch Furchtsamkeit, aber dennoch Entschlossenheit im Augenblick der Entscheidung zwischen Flucht und Tod.

Der Morgen graute. Ich stand noch immer vor dem farbigen Bild an der sonst kahlen Wand. Die Erinnerung hatte mich arg mitgenommen, doch plötzlich fühlte ich mich seltsam erleichtert. Da begegnete ich nun, schon lange fort von zu Hause, wieder der zornigen Eule. Und wo? In einem riesigen verlassenen Zimmer, das erbärmlich nach Einsamkeit roch, weit weg von meinem Dorf, in dem es nach Heldentum und Tod duftete. Die Eule an der Wand starrte mich an über Ewigkeiten hinweg. Aus ihrem gebogenen Schnabel erklang noch immer das schrille Schnarren: »Nun, du arme Kreatur, erinnerst du dich jetzt an mich?«

Kuwait, 1957

Etwas, was bleibt

Der Zug keuchte in Richtung Teheran. Noch vor unserer Abfahrt in Abadan hatte uns der Schaffner ans Herz gelegt, gut aufzupassen; der Weg sei lang, und Diebe gingen unter dem Mantel der Dämmerung ihrer Art Broterwerb nach.

Ich beschloss, nicht zu schlafen. Ich hatte ein Buch bei mir, in dem ich während der Nacht lesen konnte, ein Buch von einem jener Menschen, die mehr fühlen und auch mehr begreifen als andere. Das Abteil, in dem ich sass, war bescheiden. Eine schöne Perserin auf dem Platz mir gegenüber starrte mich unablässig an, um in mir einen Dieb auszumachen – sie war sich noch nicht sicher. Ein alter Mann, es mochte ihr Vater sein, war schon eingenickt, bevor der Zug auf seine lange Reise losratterte. Mein Freund, ein ruhiger Mensch, sass neben mir und liess die Strecke an sich vorüberziehen. Am meisten schätzte ich an ihm, dass er nicht geschwätzig war, und wenn er etwas sagte, sprach er arabisch.

Die sicherste Art, auf sich selbst und auf die anderen aufzupassen – was uns der Schaffner mit seinen sieben Worten Arabisch ans Herz gelegt hatte –, war, nicht einzuschlafen; und dieser dicke Schaffner hatte seine Besorgnis auf mich übertragen. Ich war mager und bleich und möglicherweise nicht in der Lage, mich wach zu halten, behauptete ihm gegenüber aber, ich sei dazu durchaus in der Lage. Den Witz, den er auf persisch machte, verstand ich nicht; er aber lachte lange darüber und wies dabei mit den Augen auf die schöne Perserin, die rot anlief. Mit ihrem alten Vater zusammen bestieg sie den Zug.

Mein Freund behauptete, das Gesicht der Perserin gefalle ihm überhaupt nicht. Sie gleiche Doktor Mossadegh, der, als Frau, alles andere als attraktiv wäre. So, glaubte mein Freund, werde er, sollte er mit der Schönen anbändeln, das Feld für sich allein haben – er hatte sich vergewissert, dass ich von der Schlüssigkeit seiner Bemerkung überzeugt war.

Tatsächlich verspürte ich gar keine Lust, mich zu unterhalten. Mein Buch war wunderbar, hübsch aufgemacht, mit einzigartigen Bildern; der Text war dem Deckel auf einem tiefen Brunnen vergleichbar – selbst wenn man ihn wegzuheben vermag, kann man den fernen Grund nicht erblicken.

Das Buch trug als Titel den Namen Omar al-Chaijám*. Für mich bestand der Wert des Buches darin, dass eine Ruba'íja mit Bleistift angestrichen war; die Frau, die ich einst liebte, hatte mich darauf hingewiesen:

»Ach Liebe, könnten wir doch, ich und du, uns mit der
Allmacht so besprechen,
dass dieser Welt alleinziges Gepräge von uns zerschlagen
würde …
in viele kleine Stücke …
Danach begännen wir aufs neu, sie aufzubauen, ganz
nach unsrer Herzen Wunsch.«

* Persischer Gelehrter und Dichter; gestorben 1131 in Nischapur; als Dichter bekannt durch seine Vierzeiler (Ruba'iját; Einzahl Ruba'íja).

Unbewusst schlug ich jene Seite auf … Der Reisegeruch schien so manche Erinnerung wachzurufen. Der Bleistiftkreis um die Ruba'íja war fast verblichen. Acht Jahre waren vergangen, seit er gezeichnet worden war, und dennoch hatte ich ihn noch nicht vergessen.

Ich wollte nicht einschlafen. Nicht um auf mich aufzupassen, nein, vielmehr um mir aus dem Nebel der Vergangenheit in Erinnerung zu rufen, was sich acht Jahre zuvor abgespielt hatte. Die Dunkelheit brach ein, und für einen Augenblick schien es, dass der regelmässige Klang der Räder, dass jene seltsame Musik mein müdes Gehirn in die Vergangenheit zurückstiess.

Die Perserin vergewisserte sich ein letztes Mal, dass ich kein Dieb sei, zumindest kein gefährlicher, dann gab sie sich einem unruhigen Schlummer hin. Mein Freund schaute noch immer unverwandt in die dunkle Nacht, ohne gleichzeitig die schlafende Schönheit aus den Augen zu lassen …

Laila hatte mir immer verboten, sie anzuschauen, wenn sie schlief. Sie glaubte, ihre Gesichtszüge offenbarten ihr Innerstes, sobald sie die Kontrolle darüber verlor. Sie wollte nicht, dass ich ihre wahren Gefühle mir gegenüber erfahren sollte. Sie fürchtete, ich könne eitel werden.

Ihr wirklicher Name war nicht Laila. Doch für mich war sie Laila, da sie mich Kais nannte.*

* Laila und Kais (= Madschnún) sind das berühmteste, und mehrfach literarisch dargestellte, orientalische Liebespaar.

Unser Haus in Haifa war nicht weit von dem ihren. Hinter der ersten Biegung liegt auf der rechten Seite unser Haus. Nur vier Eingänge weiter muss man, in einem weissen Gebäude, bis zum dritten Stock hinaufsteigen; dort findet man Lailas Wohnung, todsicher – wenn dieses Gebäude nicht bei der Beschiessung von Haifa zerstört wurde. Und zweifellos wohnt Laila noch immer dort.

Ich hatte Haifa verlassen, noch bevor es in die Hände der Juden fiel. Ich hatte nie in meinem Leben ein Gewehr in die Hand genommen. Die lange Strasse, in welche die unsrige einmündete, war mein einziger Kampfplatz. Ich war ein Markenzeichen jener Strasse, und die Burschen in unserem Viertel sagten immer: »Wenn du Chairi sehen willst, such das schönste Mädchen auf der Strasse – er läuft hinter ihr her.«

Laila sagte zu mir, nachdem wir näher miteinander bekannt geworden waren: »Du bist ein unsteter Mensch, Chairi, aber eigentlich bist du nicht so, und deshalb glaube ich, werde ich dich lieben können.«

Laila war anders. Doch das wusste ich nicht, als wir uns kennenlernten. Ich wusste, sie verheimlichte mir etwas, dachte aber nicht im Traum daran, dass diese Frau Sprengstoffanschläge durchführte. Das konnte sich ein nur mittelmässig mutiger Mann nicht vorstellen. Sie selbst teilte es mir erst nach dem schrecklichen Vorfall mit.

Um ehrlich zu sein, ich hatte Omar al-Chaijám nicht gekannt. Sie war es, die mir viel von ihm erzählte. Ich persönlich war mehr beeindruckt von den Bildern in seinem Buch als von seinen Ruba'iját, die ich für das Gefasel eines Schwindsüchtigen hielt.

Auch die leidenschaftliche Liebe – sie nannte sie einen Strudel, der in einem Sumpf versinkt – konnte sie nicht das Problem vergessen lassen, nein, sie mühte sich, mir verständlich zu machen, dass unser Leben nicht irgend etwas sei und dass es seinen höchsten Wert erst erreiche, wenn es für das Glück von Tausenden dahingegeben wird.

Nachdem ich die erste Ruba'íja verstanden hatte, bemerkte ich zu Laila: »Dieser Mann ist ein Defätist.«

Ich schätzte mich glücklich über diese Einsicht und dachte, Laila werde stolz auf mich sein, doch sie liess keine Anzeichen des Stolzes erkennen, wies vielmehr auf das Buch und sagte: »Der Mensch, der mehr fühlt als andere, ist besser als derjenige, der keine Bitterkeit spürt.«

Erst lange Zeit später vermochte ich zu verstehen, dass ich mit diesem »Menschen, der keine Bitterkeit spürt« gemeint war. Ich wurde nicht zornig, als ich das begriff, denn da war es schon zu Ende zwischen Laila und mir.

Doch Laila veränderte sich. Zur Zeit nämlich, als einige kämpften und andere »zuschauten«, spielten wieder andere die Rolle von Verrätern.

Durch Machenschaften dieser letzten Art Leute fiel Laila in die Hände der Juden, als sie mit irgend etwas beschäftigt war – womit, konnte ich nie in Erfahrung bringen. Erst neun Tage später kam sie zurück. Sie hatte ihr Leben nur durch eine Reihe von Zufällen retten können, über die niemand Genaueres wusste.

Der Augenblick, als ich sie nach ihrer Rückkehr von Hadar wieder traf, ist mir noch immer in unauslöschlicher Erinnerung. Ich hatte erwartet, sie weinen zu sehen, oder zittern, denn ich hatte aus vieler Leute Mund Scheussliches über die Tage gehört, die sie im Gefängnis zugebracht hatte. Doch als ich sie sah, war sie erschrekkend ruhig, der Glanz war aus ihren Augen gewichen, ihr Gesicht war traurig und stumm.

Mit ruhiger, leiser Stimme sagte sie zu mir: »Sie haben mich neun Tage lang vergewaltigt.«

Ich war ausserstande, etwas zu erwidern. Ja, fast hatte ich den Eindruck, sie hätte gesagt: »Ich habe neun Tage lang gebetet.«

Ich spürte, dass alles, was ich hätte sagen können, um sie zu trösten, armselig geklungen hätte, grenzenlos armselig. Sie rettete die Situation, indem sie noch sagte: »Es ist besser, du gehst jetzt ... ich bin eine geschändete Frau.«

Der Zug fuhr in einen Bahnhof ein. (Ein Drittel der Strecke hatten wir hinter uns.) Es kreischte unangenehm, als er langsam anhielt. Die schöne Perserin wachte auf und begann sich herzurichten. Der Alte schlief noch immer. Mein Freund starrte hinaus. Ein paar kleine Bäume zogen an mir vorbei. Dann erschien der von matten Lampen erleuchtete Bahnsteig vor dem Fenster.

Draussen auf dem Bahnsteig erblickte ich einen Jungen. Er mochte sieben Jahre alt sein. Seine Kleider waren zerrissen, aber sauber. Mit dem Finger zählte er die

Wagen, die langsam an ihm vorbeifuhren. Er zählte auf arabisch.

Mein Freund zeigte auf den Jungen, und wir lauschten gemeinsam seinem hellen Stimmchen: »Sechs … sieben … acht …«

Mein Freund nickte mit dem Kopf und sagte nur: »Arabistan.«

Es klang etwas bekümmert. Dann ging er, auf der Suche nach etwas Essbarem, hinaus.

Der Junge war hübsch, dunkelhäutig. Er verkaufte alles mögliche, doch es schien, er habe seine Aufgabe vergessen, während er den langen Zug anschaute. Er sah erschöpft aus. Ich rief ihn an mein Fenster und fragte auf arabisch: »Was verkaufst du?«

Während er zum Fenster hinaufkletterte, sagte er: »Ich bin auch Araber.«

»Was macht dein Vater?«

»Er verkauft Zeitungen. Dort drüben …«

Langsam rollte der Zug wieder an. Was mein Freund zum Essen brachte, verzehrte die Perserin. Ich verspürte keine Lust zu essen. In meinem Buch war noch immer die mit einer fast verblichenen Bleistiftlinie umrahmte Ruba'ïja aufgeschlagen.

Nochmals las ich sie durch, laut, so dass die Perserin beim Kauen innehielt:

»Ach Liebe, könnten wir doch, ich und du, uns mit der
Allmacht so besprechen,

dass dieser Welt alleinziges, elendiges Gepräge von uns zerschlagen würde …
in viele kleine Stücke …
Danach begännen wir aufs neu, sie aufzubauen, ganz nach unsrer Herzen Wunsch.«

Ich war Lailas niemals würdig gewesen. Sie war so viel besser als ich. Ich war ein Feigling. Ich fürchtete mich vor dem Sterben. Ich weigerte mich, eine Waffe zu tragen, um Haifa zu verteidigen. Dass Haifa in die Hände der Juden gefallen sei, erfuhr ich in Kap Nakura. Ich weiss nicht, warum ich mich damals an das erinnerte, was Laila mir sagte, als ich Haifa verliess: »Ich kann diese neun schrecklichen Tage nicht vergessen … Aber ich will Haifa weiterhin verteidigen. Ich weiss, ich habe schon mehr als mein Leben geopfert. Nun will ich auch mein Leben noch hingeben, das wäre das beste. Du kannst Haifa verlassen, kannst von hier fliehen. Doch eines Tages – und dieser Tag wird kommen – wirst du ganz gewiss aufwachen, wirst du begreifen … und bereuen.«

Laila blieb traurig und verzweifelt in Haifa zurück. Sie weigerte sich, von dort wegzugehen. Als ihre Nachbarn kamen, sie mitzunehmen, sagte sie ihnen, sie habe schon so vieles verloren, nun wolle sie nicht auch noch ihre schöne Vergangenheit im schönen Haifa verlieren. Sie wolle wenigstens etwas, was bleibt.

Es war lange her, seit ich Haifa verlassen hatte, und heute spürte ich, dass ich Lailas wirklich nicht würdig war, ja dass ich auch Haifas nicht würdig war. Warum hatte sich eine solche Frau für einen Feigling wie mich interessiert? Warum verfolgte mich diese wunderbare Frau acht Jahre lang? Warum setzte sie meinem Kopf zu wie das Pfeifen des Zuges vor einer Kurve?

Der Alte wachte auf; er hatte lange geschlafen. Mit zusammengekniffenen Augen – trockenen Erdspalten gleich – blickte er um sich. Er lächelte mich an, wies auf das Buch auf meinen Knien und sagte anerkennend in gebrochenem Arabisch: »Omar al-Chaijám.«

Ich nickte und liess ihn das Buch nehmen und die Bilder darin betrachten.

Meine Kameraden behaupten immer, ich sei ein Phantast. Und als ich ihnen sagte, dort in Kuwait, ich wolle nach Iran gehen, um am Grabe al-Chaijáms einen Strauss Rosen niederzulegen, lachten sie alle und sagten: »Er will etwas Hartes durchstehen und sich dabei vormachen, er liebe.«

Ich spürte wohl, dass ich ein Mensch sei, der nicht auf dem Erdboden lebte, ein Mensch, der, wie Laila immer sagte, ein Kind bleiben musste, und einen Augenblick kam es mir so vor, als müsse ich mich meiner Vergangenheit wirklich schämen ... Acht Jahre käute ich nun die Erinnerung an Laila wieder, als sei sie ein Mensch, den ich mir geschaffen hatte, um mich seiner zu erinnern. War sie denn nun ein wirklicher Mensch mit Namen Laila? Oder hatte ich sie mir nur geschaffen, um dann an sie zu glauben?

Mein Freund öffnete das Fenster. Kalte Luft schlug mir entgegen. Im selben Augenblick spürte ich, dass es für Laila völlig gleichgültig sei, ob ich einen dämlichen Rosenstrauss auf Omar al-Chaijáms Grab legte – und das nur, um mir vorzumachen, ich sei das Opfer einer grausamen Liebe.

Warum bewahrte ich al-Chaijáms Buch so beharrlich auf? Niemand weiss es genau. Wollte ich etwa mit diesem Buch anderen vormachen, ich sei noch immer mit Haifa verbunden?

Der Alte gab mir dankend das Buch zurück und legte es mir aufs Knie – es öffnete sich wieder bei der mit einem alten, blassen Bleistiftstrich umrahmten Ruba'íja.

Laila konnte mich nicht ändern ... Ich spürte das jetzt mit aller Klarheit ... Ein nutzloser Mensch, nicht mehr ... Ein Strauss Rosen aufs Grab eines Toten, etwas, was vergeht ... Sie sagte, sie wolle etwas, was bleibt.

Die Räder kreischten, der Zug fuhr eine weite Kurve. Die Lokomotive pfiff. Am Horizont ein Friedhof. Die weissen Grabsteine in die Erde eingepflanzt, wie das Schicksal ... kalt, erbarmungslos, nie welkend ... Ob wohl auf ihrem Grab ein Marmorstein steht?

Damaskus, 1958

Ein Bericht aus Ramla

Entlang der Strasse, die von Ramla nach Jerusalem führt, stellten sie uns in zwei Reihen auf und hiessen uns die Hände hoch nehmen und oben halten. Als ein jüdischer Soldat bemerkte, dass meine Mutter sich genau hinter mich stellte, um mich mit ihrem Schatten gegen die Julisonne zu schützen, zog er mich grob am Arm in die Mitte der staubigen Strasse und zwang mich, dort auf einem Bein zu stehen, die Hände überm Kopf.

Ich war damals neun Jahre alt. Nur vier Stunden zuvor hatte ich den Einmarsch der Juden in Ramla miterlebt. Und wie ich nun mitten auf der staubigen Strasse stand, sah ich, wie sie alte Frauen und junge Mädchen durchsuchten und ihnen grob und brutal den Schmuck wegrissen. Auch einige braungebrannte Soldatinnen waren dabei; sie zeichneten sich durch besonderen Eifer aus. Ich sah auch, dass meine Mutter zu mir hinschaute und lautlos weinte. Da wünschte ich, ich hätte ihr sagen können, es gehe mir gut und die Sonne mache mir weniger aus, als sie glaubte.

Ich allein war ihr geblieben. Mein Vater war schon ein Jahr vor Beginn der Ereignisse gestorben, und meinen älteren Bruder hatten die Juden gleich bei ihrem Einmarsch festgenommen. Damals wusste ich nicht, was ich für meine Mutter bedeutete. Aber heute kann ich mir kaum vorstellen, was sie getan hätte, wäre ich nicht bei ihr gewesen, als sie nach Damaskus kam. Damals verkaufte ich für sie Morgenzeitungen, die ich an Bushaltestellen ausrief.

Langsam schmolz unter der Sonne die Standfestigkeit der Frauen und der alten Männer. Da und dort hörte man verzweifeltes, hoffnungsloses Murren. Ich bemerkte einige Gesichter, die ich häufig in den engen Gassen von Ramla gesehen hatte – auch heute noch bedrückt mich die Erinnerung an sie. Nie aber werde ich jenes seltsame Gefühl erklären können, das mich beschlich, als ich eine jüdische Soldatin Onkel Abu Osman am Bart ziehen und dazu lachen sah.

Genaugenommen war Abu Osman nicht mein Onkel. Er war der Barbier und Dorfdoktor von Ramla. Seit wir ihn kannten, hatten wir ihn ins Herz geschlossen. Aus Respekt und Zuneigung nannten wir ihn Onkel. Nun stand er da, den Arm um Fatma, seine jüngste Tochter, gelegt. Sie war klein und dunkelhäutig und blickte mit ihren grossen schwarzen Augen auf die braungebrannte Jüdin.

»Deine Tochter?«

Abu Osman nickte unsicher. Eine seltsam dunkle Ahnung lag in seinem Blick. Da hob die Jüdin ganz einfach ihre kleine Pistole und zielte damit auf den Kopf der kleinen dunkelhäutigen Fatma mit den grossen schwarzen Augen und dem immer erstaunten Blick.

In jenem Augenblick trat ein jüdischer Wachposten auf seinem Rundgang vor mich hin. Der Vorfall weckte seine Aufmerksamkeit; er blieb stehen und nahm mir so die Sicht. Aber ich hörte drei Schüsse hintereinander.

Danach konnte ich Abu Osmans Gesicht wieder sehen. Quälender Schmerz überzog es. Ich blickte auf Fatma: Ihr Kopf hing vornüber, Blut tropfte aus ihrem schwarzen Haar auf die braune, warme Erde.

Kurz darauf ging Abu Osman an mir vorüber; auf seinen alten, schwachen Armen trug er den Körper der kleinen dunkelhäutigen Fatma. Stumm starrte er vor sich auf die Erde, mit fürchterlicher Ruhe. Er ging rasch an mir vorbei, ohne mich auch nur anzusehen. Ich betrachtete seinen gebeugten Rücken, während er langsam zwischen den beiden Reihen dahinschritt, bis zur Strassenbiegung. Dann schaute ich auf seine Frau. Sie sass da, das Gesicht in den Händen vergraben; Schluchzen und Jammern schüttelte sie. Ein jüdischer Soldat trat zu ihr und bedeutete ihr, sie solle aufstehen. Doch die völlig verzweifelte alte Frau stand nicht auf.

Diesmal konnte ich genau sehen, was geschah. Ich sah mit eigenen Augen, wie der Soldat die alte Frau mit dem Fuss trat, wie sie auf den Rücken fiel und ihr Gesicht blutete. Dann sah ich, wie er ihr die Mündung seines Gewehrs an die Brust setzte und ein einziges Mal abdrückte.

Gleich darauf wandte sich derselbe Soldat mir zu und forderte mich in aller Ruhe auf, mein Bein oben zu halten – ohne es zu merken, hatte ich es abgesetzt. Während ich es gehorsam wieder hoch nahm, schlug er mich zweimal ins Gesicht. Dann wischte er das Blut von meinem Mund, das an seiner Hand klebte, an meinem Hemd ab. Ich fühlte mich schwach und hilflos. Ich schaute zu meiner Mutter hinüber: Dort, bei den anderen Frauen, stand sie mit erhobenen Händen und weinte lautlos. Doch dann lächelte sie, ein kleines Lächeln unter Tränen. Mir war, als krümme sich mein Bein unter meinem Gewicht; unerträglicher Schmerz wollte mir den Schenkel zerreissen. Aber ich lächelte zurück und wünschte mir wieder, ich hätte zu ihr hinüberlaufen und ihr sagen können, die beiden Ohrfeigen hätten mir nicht sehr weh getan und es gehe mir gut. Obwohl ich selbst weinte, wollte ich sie bitten, doch nicht zu weinen und Haltung zu zeigen wie kurz zuvor Abu Osman.

Abu Osman riss mich aus meinen Gedanken. Er hatte Fatma begraben und schritt nun zurück zu seinem Platz. Als er an mir vorüberging, wieder ohne mich auch nur anzusehen, dachte ich daran, dass man auch seine Frau getötet hatte und ihn jetzt dieses neue Unglück erwartete. Voller Mitgefühl, aber auch etwas besorgt folgte ich ihm mit den Augen, bis er zu seinem Platz kam, wo er einen Augenblick stehenblieb. Ich sah nur seinen gekrümmten schweissnassen Rücken. Aber ich konnte mir sein Gesicht vorstellen – starr, stumm, übersät mit glänzenden Schweissperlen. Dann bückte sich Abu Osman und nahm den Körper seiner Frau auf seine alten, schwachen Arme. Wie oft hatte ich sie vor seinem Laden sitzen und warten sehen, bis er fertiggegessen hatte! Dann war sie mit den leeren Essgefässen wieder nach Hause gegangen. Kurz darauf schritt er zum drittenmal an mir vorüber. Sein Atem ging schnell und schwer; Schweiss rann ihm über das faltige Gesicht. Wieder war er auf meiner Höhe, schaute mich aber nicht an. Und wieder betrachtete ich seinen gebeugten, schweissnassen Rücken, während er langsam zwischen den Reihen dahinschritt.

Die Leute hatten aufgehört zu weinen. Eine Stille aus Schmerz und Kummer hatte sich über die Frauen und die alten Männer gesenkt.

Es war, als bohrten sich Abu Osmans Erinnerungen den Leuten tief ins Mark. Diese kleinen Erinnerungen, die er jedem Mann in Ramla erzählte, der sich ihm auf dem Barbierstuhl auslieferte. Diese Erinnerungen, die sich im Herzen aller Leute hier eine eigene Welt geschaffen hatten. Diese Erinnerungen schienen sich den Leuten tief ins Mark zu bohren.

Sein ganzes Leben lang war Abu Osman sanft und beliebt gewesen. Er hatte in alles Vertrauen, am meisten in sich selbst. Er hatte mit nichts begonnen. Als ihn die Revolution des »Feuerberges« nach Ramla verschlug, hatte er alles verloren. Er begann ganz von vorn, und er gedieh wie eine grüne Pflanze auf dem guten Boden von Ramla. Er erwarb sich Liebe und Achtung der Leute. Und als der Krieg um Palästina begann, verkaufte er alles, was er besass, um Waffen zu besorgen, die er an seine Freunde verteilte, damit sie im Kampf ihre Pflicht erfüllen konnten. Er wandelte seinen Laden in ein Waffen- und Munitionslager um und verlangte für dieses Opfer überhaupt nichts. Alles, was er wollte, war, auf dem idyllischen baumbestandenen Friedhof von Ramla begraben zu werden, nichts weiter. Und alle Bewohner von Ramla wussten um diesen Wunsch Abu Osmans.

All dies hatte die Leute verstummen lassen. Die Last der Erinnerung verdüsterte ihre schweissüberströmten Gesichter. Ich schaute zu meiner Mutter hinüber. Mit erhobenen Händen stand sie da und hielt sich so aufrecht, als sei sie eben erst aufgestanden. Stumm und starr blickte sie Abu Osman nach. Als auch ich mich wieder nach ihm umschaute, sah ich ihn bei einem jüdischen Wachposten stehen. Er sprach mit ihm und wies in Richtung seines Ladens. Gleich darauf ging er, allein, hinein und kam mit einem weissen Tuch zurück, in welches er den Körper seiner Frau hüllte. Dann setzte er seinen Weg zum Friedhof fort.

Ich sah ihn schon von weitem, als er zurückkam, mit schweren Schritten, gebeugtem Rücken und herabhängenden Armen. Er kam langsam auf mich zu; er war älter geworden, war staubverschmiert und keuchte. Auf seiner Weste bemerkte ich Flecken aus Blut und Erde.

Als er auf meiner Höhe war, blickte er mich an, als gehe er zum erstenmal an mir vorüber. Er betrachtete mich, der ich, staubbedeckt und schweissüberströmt, in der sengenden Julisonne stand, mit meiner gerissenen, blutverschmierten Lippe. Er schaute mich lange an; sein Atem ging schwer; sein Blick war unergründlich und doch beredt. Ich verstand nicht, was er sagen wollte, doch ich fühlte es. Dann setzte er seinen Weg fort, langsam, staubbedeckt, schwer atmend. Schliesslich blieb er stehen, drehte sich um und hob die Hände.

Die Bewohner von Ramla konnten Abu Osman nicht seinem Wunsche entsprechend beerdigen. Als er sich nämlich zum Verhör ins Zimmer des Kommandanten begab, vernahm man eine gewaltige Explosion. Das Gebäude stürzte ein und begrub Abu Osman unter sich.

Später, als meine Mutter mich durch die Berge nach Jordanien trug, erzählte man ihr, Abu Osman habe, als er seine Frau begrub und kurz davor in seinen Laden gegangen war, nicht nur ein weisses Leintuch mit herausgebracht.

Damaskus, 1956

Ein Bericht aus Tira

Was ich sagen wollte? Ja richtig. Ich wollte dir die Geschichte jenes Kunden erzählen, der bei mir Abend für Abend drei Stück Dattelkuchen kauft. Er ist ein Kunde besonderer Art, einer von denen, die sich glücklich schätzen – zumindest vor ihren Begleitern –, einen alten Dattelkuchenverkäufer zum Freund zu haben. Du weisst ja, ich verdiene damit nicht gerade viel, aber – Gott sei's gedankt – genug. Ich kaufe drei Stück um zwei Franken ein und verkaufe sie dann um einen Franken das Stück. Doch es kommt noch etwas hinzu; viele Kunden zahlen nämlich einen Franken, auch ohne ein Stück Kuchen zu nehmen. Die habe ich am liebsten. Ja richtig, ich wollte dir die Geschichte jenes Kunden erzählen. Aber was hat sie mich vergessen lassen? Ach ja, jener Polizist mit den Narben im Gesicht. Viele Polizisten sind ja herzensgut, aber der hat mir nie gepasst. Hast du gesehen, wie er sich benommen hat? Bin ich denn ein Verbrecher? Ich stand dort, bei der Kurve. Er ist hergekommen, hat gegen das Blech mit den Dattelkuchen gestossen und gesagt: »Du musst hier verschwinden.«

Er war neu, so viel ist sicher. Die anständigen Polizisten auf dieser Strasse haben mir nämlich erlaubt, dort zu stehen. Wie er mir nun so gekommen ist, habe ich versucht, ihm einige Sachen klarzumachen. Doch da hat er mir das Blech unter die Nase gehalten und mich angefahren: »Du kannst Gott dafür danken, dass ich dir das hier nicht über den Kopf kippe.« Dann hat er mich kräftig geschubst, grad als wäre ich ein Jude. Ich bin aber keiner, und du weisst ja, was für eine schwere Beleidigung das ist. Wo war denn dieser Mensch, als ich, in Tira und in Haifa, gegen die Juden gekämpft habe? Wo war er denn? … Aber bilde dir ja nicht ein, ich wolle mich an diesem Polizisten rächen.

Jedenfalls, Gott sei's gedankt; ja, Gott sei's gedankt, dass ich nie ein Verräter oder ein Feigling war, gar nie! Und selbst wenn ich es gewesen wäre, diesem Polizisten hätte ich trotzdem nicht verziehen. Der Fehler liegt jedoch nicht bei ihm. Es ist derselbe Fehler, der uns Palästina verlieren liess, der uns diese dürftige Existenz auferlegt und uns gezwungen hat, zu leben, als hätten wir Palästina verlassen, um irgendeine Arbeit zu suchen. Ich jedenfalls weiss, warum Palästina verlorenging. Was in den Zeitungen steht, ist nutzlos, mein Sohn. Denn jene Leute, die für Zeitungen schreiben, sitzen auf bequemen Stühlen in geräumigen, geheizten Zimmern mit Bildern an der Wand. Dann schreiben sie über Palästina und den Krieg um Palästina und haben in ihrem ganzen Leben keinen einzigen Schuss gehört. Hätten sie nämlich einen gehört, sie wären davongerannt, wer weiss wohin!

Palästina, mein Sohn, ist aus einem sehr einfachen Grund verlorengegangen. Sie verlangten von uns – den Soldaten – immer, dass wir uns einheitlich verhielten. Wir sollten aufstehen, wenn sie sagten: »Aufstehn!« Wir sollten schlafen, wenn sie sagten: »Schlafen!« Wir sollten tapfer sein, wenn sie es wollten; wir sollten davonlaufen, wenn sie es wollten – und so weiter, bis das Unglück seinen Lauf nahm. Sie selbst wussten nicht, was geschehen war. Sie hatten keine Ahnung von Truppenführung. Sie hielten die Soldaten für eine Art kuriose Waffe, die man laden müsse. Also begannen sie, uns mit widersprüchlichen Befehlen zu laden. Sie glaubten, jeder von uns kämpfe gegen die Juden, nur weil sie wollten, dass er gegen die Juden kämpfe.

Einige Anführer haben es ehrlich gemeint. Aber was vermag ein einzelner, ganz auf sich gestellt? Was kann ein Engel tun, der unversehens in die Hölle fällt und dessen Flügel in den Klauen der Teufel hängenbleiben. Mir war vergönnt, mit Ibrahim Abu Dih, Gott erbarme sich seiner, in zwei Schlachten zu ziehen. Er kämpfte immer aufrecht stehend, als halte er eine Ansprache, und wir alle stürmten vor, als gehe man zu einer Hochzeit. Gott erbarme sich seiner! Ich weiss vieles aus seinem Leben. Schon als kleiner Junge hat er für Abdelkader al-Husseini Briefe durchs Gebirge zu den Gefährten gebracht. Dann wuchs er heran, trug ein Gewehr und zog in den Kampf. Abdelkader al-Husseini sagte von ihm immer, er sei der tapferste Mann gewesen, den er in seinem Leben gesehen habe. Ausserdem war er sehr klug. Doch 1948 liess er sich zusammen mit seinen Männern bei Milkor Hajjim in ein Gefecht ein und kam mit sechzehn Kugeln im Rücken zurück. Davon blieb er gelähmt. Er lebte dann noch vier qualvolle Jahre. Du kannst dir vielleicht vorstellen, was ein Gelähmter empfindet, der zeit seines Lebens aufrecht stehend gekämpft hat. Er schaute nur noch vor sich hin;

dann lächelte er. Seine Gedanken kehrten immer zu den fünfundzwanzig Lira zurück, die er täglich brauchte, um die Morphinspritzen zu bezahlen, die seine Schmerzen etwas linderten. Es war ein qualvolles Leben. Schliesslich kamen einige arabische Staaten auf den Gedanken, ihm zu helfen, und sprachen ihm schliesslich eine monatliche Rente auf Lebenszeit zu. Ein Beauftragter dieser Länder reiste nach Beirut, um ihm die frohe Kunde zu bringen. Doch als er Ibrahim Abu Dihs Zimmer betrat, fand er ihn im Sterben. Drei Männer standen an seinem Bett und weinten um ihn. Ibrahim bat sie mit schwacher Stimme, ihm die Nationalhymne zu singen. Weinend sangen die drei Männer die Hymne, während er verschied, Gott erbarme sich seiner. Er hat grosse Schmerzen gelitten, und wer stand in seiner Todesstunde an seinem Bett!? Der Arme! Habe ich dir nicht gesagt, dass sich niemand für die Helden interessierte und sich um sie kümmerte? Er hat lange Zeit gelitten. Als er auf dem Sterbebett lag, kam eine alte Frau ins Zimmer und gab ihm einen kleinen Strauss roter Blumen … Wie heissen sie gleich? … Anemonen … Ja, Anemonen, aber dort in den Dörfern nennt man sie Liebesblumen. Sie war den Tränen nahe, als sie zu ihm sagte: »Das sind Liebesblumen … von dort.«

Ibrahim nahm die Blumen und drückte sie fest an die Brust. Er lächelte, als er sagte: »Wie weh das tut!«

Dann starb er, die Blumen fest in der Hand; man gab sie ihm mit ins Grab. Siehst du nun, wie Helden sterben, von niemandem beachtet? Siehst du?

Das war nicht nur in Jerusalem so, nein, überall. Hier noch ein Beispiel. In Haifa-Hadar stand eine grosse Mühle. Von dieser aus wurden zahllose Menschen auf den Strassen des Karmel getötet, und in ganz Haifa fand sich kein Geschoss, das gross genug gewesen wäre, diese Mühle in Schutt und Asche zu legen. Ich weiss nicht, wie, aber der Kommandant der Garnison von Haifa, damals war es Hamd al-Hunaiti, schaffte es, sich nach Syrien durchzuschlagen und mit einer grossen Sprengladung zurückzukommen. Als er über Kap Nakura zurückkehrte, brachte eine Jüdin sein Geheimnis in Erfahrung. Über Funk verständigte sie eine Siedlung zwischen Akka und Haifa … Wie sie heisst? … Ich kann mich nicht erinnern. Jedenfalls machte sich Hamd in Akka gegen Abend mit seinen Kameraden auf den Weg. Surur Burham war auch dabei. Hast du schon von ihm gehört? Also gut. Bevor es dunkel geworden war, kamen sie in die Nähe der Siedlung. Dort überraschte sie ein Trupp Juden, die die Sprengladung in ihre Hand bekommen wollten. Sie forderten Hamd auf, sich zu ergeben, doch dieser weigerte sich und verteidigte sich tapfer mit seinen wenigen Kameraden. Aber rings um ihn fielen sie, einer nach dem anderen … Händigte er da die Sprengladung aus und rettete so sein Leben? Natürlich nicht. Er richtete sich auf und nahm die Hände hoch. Als die Juden herankamen, um ihn festzunehmen, feuerte er eine einzige Kugel in die grosse Sprengladung. Damals sagten die Leute, sie hätten die Explosion noch in Akka gehört. Die Körperteile der Juden flogen umher. Den Märtyrer selbst konnte man nicht beerdigen; er war so zerfetzt, dass man nichts mehr von ihm fand.

Was ich dir sagen wollte? Ach ja, dass die Verantwortlichen sich nicht um ihre Helden kümmerten … und auch nichts von der Kriegsführung verstanden. Der Kommandant ist mit seinen Kameraden gefallen. Ich will mit dir gar nicht darüber streiten, ob er sich vernünftig oder tollkühn verhalten hat. Ich möchte aber fragen: Was geschah mit den Familien der Gefallenen? Was tat die Führung in Haifa, um die Lücke, die sie hinterliessen, zu füllen? Herrschte nicht ein furchtbares Chaos in Haifa?!

Wovon ich erzählen will? Ach ja, von den Verantwortlichen und von uns. Nimm, zum Beispiel, was in der grossen Ölraffinerie geschah. Dort haben Araber und Juden immer Seite an Seite gearbeitet. Ich selbst war auch dort beschäftigt. Dann ereignete sich ein kleiner Zwischenfall, dessen Einzelheiten ich zum grossen Teil vergessen habe. Ein Jude warf eine Granate auf einen arabischen Wärter am Fabriktor und tötete ihn. Wir waren sehr traurig, als wir von seinem und seiner Kameraden Tod erfuhren. Wir verriegelten das grosse Fabriktor. Dann töteten wir die Zionisten, wie es gerade kam. An jenem Tag standen wir einander Aug in Aug gegenüber. Beide Seiten waren ohne Waffen, und keinem blieb etwas anderes übrig, als seinen Mann zu stehen. Wir konnten sie schliesslich überwältigen. Wir hatten keinerlei Waffen dort drin. Einige von uns bedienten sich der Traktoren, die meisten aber benutzten Hacken und Doppeläxte. Der Kampf ging los. Wir verschonten keinen Gegner. Den meisten von uns war diese Art Kampf neu, aber alle kämpften wir wie ein Mann. Wir warfen unseren Arbeitsplatz dem Teufel hin und scherten uns nicht um die Schmeicheleien der Juden, die uns versicherten, wir seien alle Arbeiter und hätten Brot und Salz geteilt. Und was geschah dann, nachdem wir Dutzende von Juden getötet, nachdem wir unseren Arbeitsplatz in der Raffinerie aufgegeben hatten und schliesslich durch die Strassen zogen wie Bettler, wie ich jetzt? Glaubst du, sie hätten uns Waffen gegeben und gesagt: »Kämpft mit uns und sterbt mit uns!«? Die Verantwortlichen liessen uns links liegen, ja, ich habe gehört, sie hätten gesagt, wir seien Schlächter und keine Kämpfer und solche wie uns könnten sie nicht brauchen. Drum sollten wir doch gehen, wohin wir wollten, und kämpfen, gegen wen wir wollten. Schlächter! Das sagten sie! Was für Kämpfer wollen sie denn? Solche in weissen Mänteln, die auf die Verbrechen der Juden mit einem gequälten Lächeln reagieren? Oder meinen sie, wir sollten den Kampf auf den Sitzungen der Arabischen Liga führen?

Ich will dir mal erzählen, was einem anständigen Kämpfer zugestossen ist, einem Chauffeur. Einmal sah er eine Jüdin, die vor einer Horde Kinder davonlief, welche Steine nach ihr warfen. Das war damals, als die Lage immer gespannter wurde. Nach kurzer Zeit hatte er die Kinder weggejagt, nahm die Frau bei der Hand, brachte sie zu seinem Wagen und fuhr sie zu ihrer Familie nach Tel Aviv. Und weisst du, was dort geschah? Man stahl ihm das Auto und brachte ihn um. Die verstümmelte Leiche warf man vor die Scheich-Hassan-Moschee. Wie, stellen sie sich vor, sollen wir gegen solche Leute kämpfen? Mit Blumen?

Das ist es, was Palästina verlorengehen liess, mein Sohn. Meinst du jetzt etwa, ich wünschte mir, man solle jedem Soldaten, der seinen Gegner erwischt hat, einen Dankesgruss schicken? Nein, nein, Gott bewahre! Aber ich meine, dass sie sich auf irgend etwas einigen müssen; dass sie sich entscheiden müssen, wie man sich zu verhalten hat; und dass sie die Gefühle eines Kämpfers achten müssen, der in jeder Schlacht Kameraden verliert. Keinesfalls will ich dir viel von Schlachten erzählen! Mein ganzes Leben lang habe ich über jene Alten gelacht, die immer nur Kriegserinnerungen ausgepackt haben und uns diese zum besten gaben. Was ich aber sagen will: Ich habe mehr gekämpft, als ein einzelner überhaupt kämpfen kann. Aber der Fehler lag nicht bei mir, der lag weiter oben, bei jenen, die lesen und schreiben und skurrile Pläne zeichnen, die sie dann interessiert betrachten. Ich für meinen Teil, was konnte ich denn tun, ausser mein Gewehr tragen und angreifen, dahin schauen, wohin mein Kommandant zeigte, und dann mit der Waffe in der Hand hinlaufen?

Wichtig ist, wir dürfen nicht vergessen, was geschehen ist, wenn wir uns wiedersehen, und wir müssen gegen die Juden kämpfen wie jene Zeitungsleute gegen die Fliegen, wenn sie in ihrem Zimmer überhandnehmen.

Was bin ich doch für ein Schwätzer!

Ich wollte dir doch von jenem Kunden erzählen, der bei mir Abend für Abend drei Stück Dattelkuchen kauft.

Aber ich habe mich vom Erzählen hinreissen lassen. Schuld daran ist jener Polizist, der mich wie einen Dieb von meinem Stammplatz vertrieben hat.

Würde ich diesem Polizisten meine Geschichte erzählen und ihm sagen, wer ich bin, er könnte sich nicht mehr halten vor Lachen und würde mir das Kuchenblech über den Kopf kippen, wie er das schon tun wollte. Deshalb werde ich nicht zu ihm hingehen und verlangen, er solle mich anständig behandeln. Das wäre lächerlich. Aber eines Tages werde ich von Palästina zu Fuss hierherkommen, so wie ich das erste Mal gekommen bin. Ich werde diesen Polizisten suchen, so gut ich kann, und dann werde ich ihn einladen, einen vollen Monat auf meine Kosten in Haifa-Tira zu verbringen. Dort darf er gehen, wohin er will, und sich hinstellen, wo er will.

Damaskus, 1957

Ein Bericht aus Gasa

Lieber Mustafa!

Gerade habe ich den Brief erhalten, in dem du mir mitteilst, du habest alles Nötige für meinen Aufenthalt in Sacramento erledigt. Ausserdem erhielt ich den Bescheid, ich sei an die Ingenieursabteilung der Universität von Kalifornien zugelassen. Ich bin dir, lieber Freund, für all das wirklich sehr dankbar.

Um so seltsamer wird dich aber das anmuten, was ich dir jetzt mitteile – doch kannst du sicher sein, Mustafa, dass ich völlig überzeugt bin, das Richtige zu tun, ja, ich kann wohl behaupten, niemals zuvor die Dinge so klar gesehen zu haben: Ich habe meinen Entschluss geändert, Mustafa. Ich werde dir nicht dorthin folgen, wo es, wie du schriebst, »grünes Land, reichlich Wasser und heitere Gesichter« gibt. Ich werde hierbleiben, und ich werde nie weggehen.

Es bedrückt mich wirklich, Mustafa, dass wir unseren Weg nicht gemeinsam fortsetzen. Ich höre dich noch, wie du mich an unser Gelübde gemahnt hast, gemeinsam weiterzumachen; auch wie wir uns einst immer versicherten: »Wir werden einmal reich sein!« Aber ich kann nicht anders, lieber Freund! Ja, ich erinnere mich noch sehr genau an jenen Tag, an dem ich auf dem Flughafen in Kairo stand, deine Hand drückte und auf die Irrsinnsmaschine starrte. Damals drehte sich alles wie jener dröhnende Motor. Da standst du vor mir, schweigend, mit deinem runden Gesicht. Es war das gleiche Gesicht wie damals, als du im Schadschija-Viertel in Gasa aufwuchst, nur ein paar Fältchen hatten sich eingestellt. Ja, wir sind zusammen aufgewachsen, wir haben uns aufs beste verstanden, und wir haben einander gelobt, bis zum Ende gemeinsam zu gehen. Doch dann ...

»Noch eine Viertelstunde bis zum Abflug. Starr doch nicht so ins Leere! Hör zu! Nächstes Jahr gehst du nach Kuwait. Du sparst von deinem Verdienst so viel, dass du von Gasa nach Kalifornien übersiedeln kannst. Wir haben gemeinsam begonnen, und so müssen wir weitermachen ...«

Ich betrachtete deine Lippen, die sich rasch bewegten. So hast du immer gesprochen, ohne Punkt und Komma. Aber ich hatte das unbestimmte Gefühl, du seist nicht so recht glücklich über deine Flucht. Du hast nie auch nur drei gute Gründe für sie aufzählen können. Auch ich war innerlich zerrissen, aber am stärksten war der Gedanke: Warum verlassen wir nicht dieses Gasa und fliehen ...? Warum? Nun ja, mit dir war es aufwärtsgegangen. Du hattest vom kuwaitischen Erziehungsministerium einen Vertrag erhalten, ich dagegen nicht. In meiner tiefsten Verzweiflung, die ich durchlebte, kam hin und wieder etwas Geld von dir. Du wolltest, ich solle es als Darlehen betrachten, weil du fürchtetest, ich würde mich erniedrigt fühlen. Doch du hast meine familiären Verhältnisse nur zu genau gekannt. Du hast gewusst, dass mein kärglicher Lohn an den UNRWA*-Schulen nicht ausreichte,

* United Nations Relief and Works Agency for Palestine Refugees in the Near East (das UN-Hilfswerk für Palästina-Flüchtlinge).

für meine Mutter, meine verwitwete Schwägerin und ihre vier Kinder zu sorgen.

»Hör gut zu! Schreib mir jeden Tag … jede Stunde … jede Minute. Das Flugzeug fliegt gleich ab. Leb wohl! Oder besser: auf Wiedersehn … auf Wiedersehn!«

Deine kalten Lippen streiften meine Wange. Du wandtest dein Gesicht weg von mir zum Flugzeug. Als du dich gleich darauf wieder zu mir hindrehtest, habe ich deine Tränen gesehen …

Danach erhielt ich vom kuwaitischen Erziehungsministerium einen Vertrag. Ich brauche dir nicht in allen Einzelheiten zu wiederholen, wie sich meine Existenz dort gestaltet hat. Ich habe dir ja immer alles geschrieben. Mein Leben war klebrig und leer, wie eine kleine Muschel, verloren in drückender Einsamkeit, gefangen in einem zähen Kampf gegen eine unerforschlich dunkle Zukunft, eine eklige Routine, eine abstossende, widerliche Zeit. Alles war klebrig und heiss. Mein ganzes Leben war Unsicherheit und bestand nur noch im sehnsüchtigen Warten auf das Ende des Monats.

In der Mitte des Jahres, jenes Jahres, führten die Israeli einen Schlag gegen den Sabha-Distrikt. Sie bombardierten auch Gasa mit Granaten und Brandbomben. Dieses Ereignis hätte auf meine Routine verändernd wirken können, doch ich schenkte all dem nicht viel Aufmerksamkeit. Ich würde diesem Gasa ja doch den Rücken kehren. Ich würde ja doch nach Kalifornien gehen und dort, nach all der Quälerei, ganz für mich selbst leben. Ich hasste Gasa mit allem darin. Alles und jedes in dieser abgeschnittenen Stadt erinnerte mich an verunglückte, grau in grau gehaltene Gemälde eines kranken Menschen. Ja, ich hatte meiner Mutter und der Witwe meines Bruders allemal ein wenig Geld geschickt, um ihnen etwas zu helfen, aber ich würde mich auch von dieser letzten Bindung lösen, dort, im grünen Kalifornien, fern vom Geruch der Niederlage, der mir seit sieben Jahren nicht aus der Nase weicht. Die Zuneigung, die mich an meines Bruders Kinder, deren Mutter und meine eigene Mutter bindet, reichte niemals aus, den bleischweren Verlauf dieser meiner Tragödie zu rechtfertigen. Sie durfte mich nicht unten festhalten, nicht noch mehr, als sie es schon getan hatte. Ich musste fliehen.

Du, Mustafa, kennst diese Gefühle. Du hast sie, weiss Gott, durchlebt. Was hat uns auf so unerklärliche Weise an Gasa gebunden und uns den Mut zur Flucht genommen? Warum haben wir uns da etwas vorgemacht? Warum haben wir nicht der Niederlage mit all ihren Wunden den Rücken gekehrt und ein heiteres und befriedigenderes Leben begonnen? Warum? Wir haben es selbst nicht gewusst.

Als ich im Juni dann Urlaub nahm – es drängte mich zu all den kleinen Dingen, die das Leben erfreulich und farbig machen, und so packte ich schnell alle meine Besitztümer zusammen –, fand ich Gasa genau so vor, wie es immer schon gewesen war: in sich geschlossen und nach innen gerichtet, wie die Schneckenhäuser, die die Wellen immer an den klebrigen Sandstrand nahe dem Schlachthaus spülten. Dieses Gasa war beengter als die Brust eines Schläfers, den ein schrecklicher Alptraum heimsucht, dieses Gasa mit seinen engen Gassen, in denen jener besondere Geruch liegt, der Geruch von Niederlage und Armut, mit seinen Häusern mit den vorspringenden Balkonen … dieses Gasa.

Doch was ist dieses Unerklärliche, Undefinierbare, das jemanden zu seiner Familie, seinem Haus, seinen Erinnerungen hinzieht, wie eine Herde von Ziegen zur Quelle? Ich weiss es nicht. Ich weiss nur, dass ich eines Morgens meine Mutter in unserem Haus besuchte. Als ich dorthin kam, empfing mich die Frau meines verstorbenen Bruders und bat mich unter Tränen, den Wunsch ihrer Tochter Nadja, die mit einer Verletzung im Krankenhaus lag, zu erfüllen und sie noch am selben Abend zu besuchen. Du kennst doch Nadja, die hübsche dreizehnjährige Tochter meines Bruders?

Am Abend kaufte ich ein Pfund Äpfel und ging ins Krankenhaus, Nadja besuchen. Ich wusste, dass meine Mutter und meine Schwägerin mir etwas verheimlicht hatten, etwas, was sie nicht über die Lippen brachten, etwas Seltsames – doch was, konnte ich mir ganz und gar nicht vorstellen. Ich liebte Nadja, schon weil ich diese ganze Generation liebe, die Niederlage und Vertreibung mit der Muttermilch eingesogen hat und längst glaubt, ein glückliches Leben sei so etwas wie ein gesellschaftliches Fehlverhalten.

Was sich damals abspielte? Ich weiss nicht recht. Vollkommen leise betrat ich das weisse Zimmer. Kranke Kinder haben etwas Heiliges an sich, ganz besonders wenn sie an einer schmerzhaften, grausamen Wunde leiden. Nadja lag im Bett, ein weisses Kissen im Rücken; ihr Haar war hingebreitet wie ein dicker Pelz; in ihren grossen dunklen Augen lag eine unergründliche Ruhe, tief darin schimmerte eine Träne. Ihr Gesicht war ruhig und gelöst, jedoch beredt wie das Gesicht eines gefolterten Propheten. Nadja ist noch ein Kind, doch sie schien mehr zu sein als ein Kind, viel mehr; auch älter als ein Kind, viel älter.

»Nadja!«

Ich weiss nicht, war ich es, der es sagte, oder ein anderer hinter mir, doch sie blickte auf zu mir – und ich fühlte mich aufgelöst wie ein Stück Zucker in einem Glas heissen Tees. Sie lächelte matt, und ich hörte sie sagen: »Onkel! Kommst du direkt von Kuwait?«

Ihre Stimme brach in der Kehle. Sie richtete sich mit Hilfe ihrer Hände auf und reckte ihren Kopf zu mir hin. Ich klopfte ihr auf den Rücken und setzte mich neben sie: »Nadja! Ich habe dir Geschenke aus Kuwait mitgebracht, viele Geschenke. Ich werde warten, bis du wieder gesund und munter bist und aufstehen kannst; dann kommst du mich besuchen, und ich werde dir alles geben. Ich habe dir die rote Hose gekauft, um die du mich gebeten hast … Ja, ich habe sie gekauft.«

Es war eine Lüge, eine Verlegenheitslüge. Als ich sie aussprach, war ich überzeugt, zum erstenmal die Wahrheit zu sagen. Doch Nadja zitterte wie vom Schlag getroffen. Mit schrecklicher Ruhe neigte sie den Kopf. Ich spürte ihre Tränen auf meiner Hand.

»Sag doch was, Nadja … Willst du denn die rote Hose nicht?«

Sie schaute mich an, wollte etwas sagen. Doch dann schwieg sie und biss die Zähne zusammen. Wie von fern hörte ich sie nochmals sagen: »Onkel!«

Dabei streckte sie die Hand aus, zog die weisse Decke beiseite und wies auf ihr Bein – es war am Oberschenkel amputiert.

Nie, lieber Freund, werde ich Nadjas amputiertes Bein vergessen. Nie werde ich die Traurigkeit vergessen, die jeden Zug ihres hübschen Gesichtes zeichnete.

Später verliess ich das Krankenhaus und ging durch die Strassen von Gasa. Fest in der Hand hielt ich, wie zum Spott, noch immer die Zweipfundnote, die ich Nadja hatte schenken wollen. Die Sonne ging gerade unter und hüllte Gasa in blutiges Licht, Gasa, welches plötzlich ganz anders erschien, als wir es je gesehen hatten. Die Steinhaufen am Eingang zum Schadschija-Viertel, dort, wo wir einst wohnten, sie schienen in einer besonderen Absicht dort zu liegen. Jenes Gasa, wo wir sieben Jahre lang mit all diesen guten Menschen in Not und Elend lebten, hatte sich verändert, und es gab mir zu verstehen, es sei nur ein neuer Anfang. Ich weiss nicht, warum ich dieses Gefühl hatte – auf dem Nachhauseweg bildete ich mir ein, die Hauptstrasse sei nur ein kleiner Anfang der langen, langen Strasse nach Safad. Durch Nadjas amputiertes Bein fiel über ganz Gasa eine Traurigkeit, die sich aber nicht mit Tränen und Trotz begnügte, sondern die Nadjas amputiertes Bein zurückforderte.

Ich ging hinaus in die Strassen von Gasa, Strassen voll gleissendem Sonnenlicht. Man erzählte mir, Nadja habe ihr Bein verloren, als sie sich über ihre kleinen Geschwister warf, um sie vor den Granaten und Brandbomben zu schützen, denen das Haus zum Opfer gefallen war. Nadja hätte sich in Sicherheit bringen können, hätte fliehen können, hätte ihr Bein retten können. Doch sie tat es nicht. Warum?

Nein, lieber Freund, ich werde nicht nach Sacramento kommen, und ich bereue es kein bisschen. Nein, ich werde nicht das vollenden, was wir einst in unserer Kindheit gemeinsam begonnen haben. Jenes unbestimmte Gefühl, das auch du hattest, als du Gasa verliessest, dieses Gefühl muss tief in dir wachsen, muss gewaltig werden. Du musst danach suchen, um dich selbst zu finden, und zwar hier, bei den hässlichen Trümmern unserer Niederlage. Ich werde nicht zu dir kommen; du komm zurück zu uns, damit du hier durch Nadjas amputiertes Bein erfahren kannst, wie das Leben wirklich ist und wie teuer man es erkaufen muss.

Komm zurück, lieber Freund, wir alle warten auf dich.

Kuwait, 1956

Das gestohlene Hemd

Er schaute hinauf zum finsteren Himmel und unterdrückte einen kleinen Fluch, der gerade seinen Lippen entschlüpfen wollte. Er spürte die schwarzen Wolken, die, Basaltstücken gleich, sich übereinanderschoben, miteinander verschmolzen und wieder auseinandertrieben.

Nein, heute nacht würde es nicht mehr zu regnen aufhören. Also würde er nicht schlafen, sondern würde, über seine Schaufel gebeugt, die Furche vertiefen, welche die schlammigen Wassermassen von den Zeltpflöcken ablenkte. Sein Rücken hatte sich schon fast an das Trommeln des kalten Regens gewöhnt ... Ja, die Kälte gab ihm gar ein angenehmes Gefühl der Betäubung.

Es roch nach Rauch; seine Frau hatte Feuer gemacht, um Brot zu backen. Wie gern hätte er diesen Graben seinlassen, wäre ins Zelt gegangen und hätte seine kalten Hände ins Feuer gehalten, bis sie verbrannt wären. Ganz sicher könnte er ein brennendes Scheit anfassen und es mal in die rechte, mal in die linke Hand nehmen, bis das Eis getaut wäre. Doch er fürchtete sich, das Zelt zu betreten, denn tief in den Augen seiner Frau lag seit langer Zeit immer dieselbe schreckliche Frage. Nein, die Kälte war weniger grausam als diese schreckliche Frage. Sollte er das Zelt betreten, würde sie ihn, die Hände im Teig versunken und den Blick auf ihn geheftet, fragen: »Hast du Arbeit gefunden? Was sollen wir denn essen?

Wie schaffte es der Soundso, hier, wie der und der, dort Arbeit zu finden?« Dann würde sie auf Abdarrahman deuten, der, zusammengerollt wie eine nasse Katze, in der Ecke des Zeltes liegt, und sie würde schweigend den Kopf schütteln – beredter als tausend und abertausend Vorwürfe … Was anderes hätte er ihr sagen können als das, was er ihr jeden Abend sagte: »Willst du, dass ich stehlen gehe, um für Abdarrahman zu sorgen?«

Ruhig, aber schwer atmend richtete er sich auf; doch gleich darauf lehnte er sich wieder über seine abgebrochene Schaufel, betrachtete, von grosser Sorge erfüllt, das dunkle Zelt und fragte sich: Und wenn ich nun stehlen würde?

Die Lagerhäuser der UNRWA waren nicht weit von den Zelten. Würde er sich tatsächlich dazu entschliessen, könnte er sicher bis dorthin durchschlüpfen, wo Mehl und Reis gelagert waren; da und dort würde er schon ein Loch finden. Dann gehört das ja auch schliesslich nicht nur einem. Es stammt von dort, von Leuten, über die der Lehrer an der Schule zu Abdarrahman gesagt hatte: »Sie bringen jemanden um und gehen dann zu seiner Beerdigung.« Was würde es diesen Leuten schaden, wenn er einen, zwei oder auch zehn Sack Mehl stehlen und an eine jener Personen verkaufen würde, die sich einer gewaltigen Fähigkeit erfreuen, die Düfte von Gestohlenem einzuatmen, und einer noch gewaltigeren Fähigkeit, um seinen Preis zu feilschen?

Der Gedanke gefiel ihm, und er machte sich noch entschlossener an die Fertigstellung des Grabens um das

Zelt. Nochmals fragte er sich, warum er nicht jetzt dieses Wagnis in Angriff nahm. Es regnete heftig, und der Wächter war sicher mehr mit der Kälte beschäftigt als mit dem Wohl der UNRWA. Warum also nicht jetzt anfangen? Warum nicht?

»Was schaffst du da, Abu al-Abd?«

Er schaute auf in Richtung der Stimme und erkannte die Gestalt Abu Samirs, der zwischen den beiden Zeltreihen, die sich endlos ins Dunkel fortsetzten, auf ihn zukam.

»Ich grabe Mehl ...«

»Was gräbst du?«

»Ich grabe ... ich grabe eine Furche ...«

Er hörte das dünne Lachen Abu Samirs, das sich schnell in seinem Geschwätz verlor: »Mir scheint, du denkst an Mehl. Nun, die Ausgabe wird sich bis nach dem Zehnten des kommenden Monats verzögern; es sind also noch etwa zwei Wochen bis dahin. Du denkst wohl jetzt schon daran, weil du dir einen oder zwei Sack von den Lagerhäusern zu borgen gedenkst ...«

Er sah Abu Samirs Arm, der in Richtung Lagerhäuser deutete, bemerkte auf seinen wulstigen Lippen einen Anflug von boshaftem Lächeln und fühlte, wie er sich nur schwer beherrschen konnte. Also fuhr er fort, mit seiner abgebrochenen Schaufel die Erde zu bearbeiten.

»Hier, nimm eine Zigarette ... Aber nein, sie nützt dir ja nichts bei diesem lästigen Regen ... Ich hatte vergessen, dass es regnet; ein Gehirn wie aus Lehm und Stein! ...«

Er fühlte, wie es ihm langsam die Kehle zuschnürte. Ja, er verabscheute Abu Samir seit langem. Dieses boshafte Geschwätz!

»Was hat dich bei diesem Regen hinausgetrieben?«

»Ich bin herausgekommen ... ich bin herausgekommen, dich zu fragen, ob du Hilfe brauchen könntest.«

»Nein ... danke ...«

»Wirst du noch lange graben?«

»So ziemlich die ganze Nacht ...«

»Habe ich dir nicht gesagt, du solltest deinen Graben bei Tag ziehen? Doch da gehst du immer wer weiss wohin, weg von deinem Zelt ... Gehst du allemal den Ring Salomos suchen?«

»Nein, Arbeit ...«

Schwer atmend hob er den Kopf von der Schaufel: »Warum gehst du nicht schlafen und lässt mich in Ruhe?«

Abu Samir trat völlig ruhig näher zu ihm heran, legte ihm seine grosse Hand auf die Schulter, schüttelte diese langsam und sagte mit gedämpfter Stimme: »Hör zu, Abu al-Abd! Wenn du jetzt einen Sack Mehl an dir vorbeigehen siehst, verrate es niemandem!«

»Was?« fragte Abu al-Abd. Sein Herz pochte heftig. Er roch den Duft des Tabaks aus dem Munde Abu Samirs, der ihm, die Augen weit geöffnet, zuflüsterte: »Es gibt Mehlsäcke, die bei Nacht losziehen und dorthin gehen.«

»Wohin?«

»Dorthin ...«

Abu al-Abd versuchte zu sehen, wohin Abu Samir wies, stellte aber fest, dass dessen Arme herabhingen;

seine flüsternde Stimme klang tief und heiser: »Du wirst deinen Teil erhalten.«

»Gibt es ein Loch, durch das ihr hineinkommt?«

Abu Samir hob verneinend den Kopf und schnalzte vergnüglich mit der Zunge. Dann flüsterte er mit halb heiserer Stimme: »Nein, die Mehlsäcke kommen alleine heraus … Sie haben plötzlich Beine!«

»Du spinnst ja …«

»Nein, aber du bist ein armer Teufel … Hör zu, gehen wir direkt an Ort und Stelle! Alles, was wir tun müssen, ist, die Mehlsäcke aus dem Lager zu holen und sie dorthin zu bringen. Der Wächter wird uns wie immer alles vorbereiten. Weder ich noch du werden etwas mit dem Verkauf zu tun haben. Das macht der blonde amerikanische UNRWA-Angestellte … Nein, du brauchst dich nicht zu wundern. Nach der Abmachung wird alles rechtens und klar ablaufen. Der Amerikaner verkauft; ich kriege meinen Teil, der Wächter kriegt seinen Teil, du kriegst deinen Teil. Alles abgemacht! Nun, wie denkst du darüber?«

Abu al-Abd spürte, dass die Sache komplizierter wurde als der Diebstahl von einem, zwei oder auch zehn Sack Mehl. Der nahe Umgang mit diesem Mann, der im ganzen Lager als unsympathisch galt, liess ihn ein schleimiges Gefühl empfinden. Doch gleichzeitig gefiel ihm der Gedanke, dass er eines Tages in sein Zelt zurückkehren würde mit einem neuen Hemd für Abdarrahman in der Hand und kleinen Geschenken für Umm al-Abd, nach dieser entbehrungsreichen Zeit. Wie schön es wäre, sie beide lächeln zu sehen! Allein für das Lächeln Abdarrahmans würde sich zweifellos das Wagnis lohnen. Aber wenn es schiefging …? Welch finsteres Schicksal würde dann Umm al-Abd und ihren Sohn erwarten. Dann würde Abdarrahman einen Schuhputzkasten herumschleppen und sich auf der Strasse, den kleinen Kopf wiegend, über elegante Schuhe beugen. Welch finsteres Schicksal! Doch wenn es gutginge, dann würde aus Abdarrahman ein neuer Mensch, und jene furchtbare Frage verschwände aus den Augen seiner Frau. Wenn es gutginge, dann gäbe es nicht mehr in jeder regnerischen Nacht das Drama mit dem Graben, und er würde an einem Ort wohnen, den er sich jetzt noch nicht einmal vorstellen konnte …

»Warum lässt du nicht diesen verfluchten Graben sein? Lass uns anfangen, bevor die Sonne aufgeht.«

Ja, warum liess er diesen Graben nicht sein …? Abdarrahman schnatterte vor Kälte in der Zeltecke. Fast fühlte er seinen Atem ihm die kalte Stirn versengen … Wie gerne hätte er Abdarrahman vor Hunger und Angst bewahrt. Der Regen hatte fast aufgehört, und am Himmel bahnte sich der Mond einen beschwerlichen Weg …

Abu Samir stand noch immer, seine grossen Füsse tief im Schlamm, den Kragen seines alten Mantels über die Ohren gezogen, als dunkle Gestalt vor ihm. Er stand noch immer da und wartete; und dieser Mensch, der da vor ihm stand, trug bei sich ein geheimnisvolles neues Schicksal und wollte mit ihm ins Geschäft kommen – er sollte mit ihm Säcke aus dem Lager forttragen, irgendwohin. Jeden Monat kam der Amerikaner zu ihm, stellte sich vor die Haufen von Mehl, rieb sich die sauberen Hände und lachte dabei aus blauen Augen wie eine Katze, die vor einem Mauseloch kauert.

»Seit wann bist du eigentlich mit diesem Wächter und jenem Angestellten im Geschäft?«

»Willst du mich verhören, oder willst du deinen Anteil für das Mehl kassieren und damit weiss der Teufel was einkaufen gehen? Hör zu, dieser Amerikaner ist mein Freund. Er ist ein Mensch, der ordentliche Arbeit liebt. Er verlangt von mir immer, dass ich den Zeitpunkt im voraus festlege, und er schätzt Terminverzögerungen nicht ... Wir müssen jetzt anfangen. Beeil dich!«

Wieder stellte er sich den Amerikaner vor, wie er vor den Mehlsäcken stand, aus schmalen blauen Augen lachte und sich freudig und gelassen seine sauberen Hände rieb. Da spürte er eine merkwürdige Beklemmung. Es wurde ihm klar, dass jener Amerikaner immer zur selben Zeit das Mehl verkaufte, wenn er den Männern und Frauen des Lagers mitteilte, die Lebensmittelausgabe verzögere sich bis nach dem Zehnten des Monats. Wütender Groll bemächtigte sich seiner, ein Echo auf seine Gefühle am Tag, als er von den Lagerhäusern zurückkam, um seiner Frau mit gebrochener Stimme mitzuteilen, man habe die Mehlausgabe um zehn Tage verschoben. Wie schmerzlich war die Enttäuschung, die auf ihr braunes, verhärmtes Gesicht gezeichnet stand! Er hatte den Kloss gespürt, der sich mit tausend Armen in seiner Kehle festkrallte, während sie mit schrecklichem Schweigen den leeren Mehlsack betrachtete, der wie ein Gehängter an seinem Arm baumelte … Dieser Blick sagte alles: Zehn Tage würden vergehen, bevor sie Mehl zum Backen hätten. Es war ihm auch klar, dass Abdarrahman die Situation vollkommen verstand: Er hörte auf, um etwas zu essen zu betteln … In allen Zelten des Flüchtlingsdorfes trafen sehnsüchtige Augen auf dieselbe Enttäuschung. Jedes Kind im Lager musste zehn Tage warten, bis es etwas Brot zu essen bekam. Das also war der Grund für die Verzögerung, Abu Samir, der da vor ihm stand als dunkle Gestalt, die Füsse tief im Schlamm und besorgt um den Ablauf seines Geschäfts; er und der Amerikaner, der sich vor den Mehlhaufen die sauberen Hände rieb und aus schmalen blauen Augen lachte …

Er wusste nicht, wie er die Schaufel über den Kopf hob und wie er sie mit fürchterlicher Wucht auf Abu Samirs Kopf niedersausen liess. Er wusste auch nicht mehr, wie ihn seine Frau vom Körper Abu Samirs wegzog, während er ihr ins Gesicht schrie, die Mehlausgabe werde sich diesen Monat nicht verzögern.

Nur das wusste er noch: Als er sich durchnässt und von Wasser und Schlamm triefend in seinem Zelt wiederfand, drückte er seinen Sohn Abdarrahman an die Brust und betrachtete sein mageres gelbes Gesicht.

Noch immer wünschte er sich, ihn aus Freude über ein neues Hemd lächeln zu sehen …

Da begann er zu weinen.

Kuwait, 1958

Der Kuchenverkäufer

War es reiner Zufall, dass ich ihn heute an derselben Stelle traf, an der ich ihn zum erstenmal gesehen hatte?

Da hockte er, als habe er diesen Platz nie verlassen, mit seinem krausen schwarzen Haar und seinen Augen, aus denen eine unerfüllte Sehnsucht leuchtete. Über die Holzkiste gebeugt, betrachtete er prüfend den Glanz auf einem teuren Schuh. Sein Anblick hatte sich mir tief eingeprägt, vor einem Jahr, als ich ihn an derselben Ecke sah. Nicht weil dieser Anblick irgendwie ungewöhnlich gewesen wäre, nein, nur deshalb, weil ich selbst zehn Jahre zuvor an dieser Ecke gesessen hatte, damals, als es uns wirklich schlechtging. Auch meine Art, Schuhe zu putzen, glich der seinen. Ein Schuh war für mich damals die Welt – Spitze und Absatz waren die beiden Pole, zwischen die mein Sein eingespannt war.

Als ich vor einem Jahr an ihm vorüberging, leierten seine Lippen den üblichen Spruch, ohne dass er meine Schuhe auch nur anschaute: »Ich kann Ihre Schuhe in einen Spiegel verwandeln, mein Herr.«

Ich verspürte den Wunsch, mir nach langen, unerfreulichen Monaten etwas zu gönnen, und setzte meinen Fuss auf die Schuhputzkiste. Ein breiter Streifen Schweiss durchnässte auf seinem Rücken das verschmutzte blaue Hemd. Seine spärlichen Schultermuskeln spannten und lösten sich. Sein Kopf wiegte gleichmässig hin und her.

»Das sind billige Schuhe.«

Ich war keineswegs beleidigt, hatte ich doch ähnliche Empfindungen gehabt beim Anblick eines billigen Schuhs. Doch ich hatte es nie so direkt gesagt. Ein billiger Schuh gab mir das unbestimmte Gefühl der Nähe zwischen mir und den anderen ... Dennoch wollte ich lieber das Thema wechseln.

»Wie alt bist du?«

»Elf.«

»Aus Palästina?«

Über den Schuh gebeugt, nickte er wortlos. Ich spürte, dass er sich schämte, es aber nicht zeigen wollte.

»Wo wohnst du?«

»Im Lager.«

»Bei deinem Vater?«

»Nein, bei meiner Mutter.«

»Du bist Schüler, nicht wahr?«

»Ja.«

Er tippte mit dem Daumen gegen die Sohle. Dann schaute er mit klaren Augen zu mir empor und streckte seine kleine Hand aus. Ich spürte einen Hauch von Mitleid, und zwei Gefühle rissen mich hin und her. Sollte ich ihm einfach seinen Lohn geben? Oder sollte ich ihm noch ein Trinkgeld geben? Wenn ich früher das erhielt, was mir zustand, war ich stolz auf meine Arbeit. Wenn man mir dagegen etwas obendrein gab, beeinträchtigte immer ein Gefühl der Erniedrigung die Freude darüber, mehr verdient zu haben.

Die Wegbiegung entzog mich allmählich seinem Blick, der meinen Rücken durchbohrte – ich hatte ihm nur den festen Preis gegeben. Als ich nochmals zurückschaute, hielt er seine Augen schon wieder auf die Strasse gerichtet – auf der Suche nach dem nächsten Schuh.

Mit dieser Begegnung war meine Bekanntschaft mit Hamid jedoch nicht zu Ende. Einen knappen Monat später erhielt ich eine Stelle als Lehrer an einer Flüchtlingsschule. Als ich zum erstenmal die Klasse betrat, sah ich Hamid in der vordersten Reihe sitzen. Sein krauses schwarzes Haar war kürzer als zuvor; sein abgetragenes Hemd bedeckte ihn nur notdürftig; aus seinen Augen leuchtete noch immer unerfüllte Sehnsucht.

Ich war froh, dass er mich nicht erkannte. Obwohl es nur natürlich ist, dass ein Schuhputzer seine Kunden, die er ja nur kurz sieht, vergisst, hatte ich doch ehrlich angenommen, er werde sich meiner erinnern. Hätte er es getan, so hätte ihm meine Anwesenheit in der Klasse sehr unangenehm sein können. Während des ersten Unterrichtstages versuchte ich vergeblich, meinen Blick von seinem kleinen, lebhaften und doch sorgenvollen Gesicht zu lösen.

Die ganze Klasse bestand aus Jungen wie Hamid, kleinen Burschen, die ungeduldig auf das letzte Klingelzeichen warteten, um sich dann in die zahllosen Gassen von Damaskus zu zerstreuen und dort ihr Abendessen zu verdienen. Sehnsüchtig warteten sie auf die Klingel, um sich unter dem kalten grauen Himmel zu verteilen – jeder ging auf eine besondere Art seinem Broterwerb nach. Bei Einbruch der Nacht kehrten sie in ihre Zelte oder in ihre Lehmhütten zurück, wo die Familie eng zusammengepfercht die Nacht verbrachte, still bis auf gelegentliches gepresstes Husten.

Ich hatte den Eindruck, Kinder zu unterrichten, die für ihr Alter weit waren, sehr weit – jedes einem Funken gleich, der aus der harten Reibung mit einem grausamen Leben hervorgestoben war. Ihre Augen blickten unruhig in die Klasse, wie kleine Fenster auf dunkle, unbekannte Welten. Ihre dünnen Lippen waren fest zusammengepresst, als wollten sie sich nie öffnen – aus Furcht, ein endloser, nicht mehr aufzuhaltender Strom von Verwünschungen könnte sich aus ihrem Mund ergiessen.

Die Klasse war eine kleine Welt für sich, eine Welt aus unermesslichem, jedoch tapfer ertragenem Elend. Ich fühlte mich fremd unter ihnen und verspürte den heftigen Wunsch, mich soweit als möglich in sie hineinzuversetzen.

Hamid war ein mittelmässig begabter Junge, gab sich aber überhaupt keine Mühe. Ich versuchte unablässig, jedoch vergebens, ihn zum Lernen zu bewegen.

»Hamid, behaupte ja nicht, du würdest zu Hause je ein Buch aufschlagen. Du lernst überhaupt nichts.«

»Sie haben recht, Herr Lehrer.«

»Und warum lernst du nichts?«

»Weil ich arbeite.«

»Bis wann arbeitest du?«

Grosse, traurige Augen sahen mich an, während kleine Finger unruhig eine schmuddelige Mütze drehten.

»Bis Mitternacht, Herr Lehrer. Wenn die Leute aus dem Kino kommen, kaufen sie immer meine Kuchen. Drum muss ich auf sie warten.«

»Kuchen? Du verkaufst Kuchen?«

Er schämte sich und erwiderte flüsternd: »Ja, Herr Lehrer, Kuchen.«

»Ich dachte … Nun gut, geh an deinen Platz.«

In jener Nacht stellte ich mir den erbarmungswürdigen kleinen Jungen vor, wie er barfuss durch die Strassen von Damaskus lief und auf die Kinobesucher wartete. Wir hatten November, und es regnete. Ich malte mir aus, wie er an irgendeiner Ecke stand, zitternd wie eine Feder im Wind, den Kopf zwischen die Schultern gezogen, die Hände ins Hemd gesteckt, das Kuchenblech vor sich anstarrend. So wartete er sicher darauf, dass ein Kuchenkäufer hungrig aus dem Kino kam, vielleicht auch zwei oder drei … Ein verzweifeltes Lächeln; dann schaute er wieder in den Novemberregen.

Am folgenden Tag sass er im Unterricht, Müdigkeit zerfrass ihm die Augen. Von Zeit zu Zeit sank plötzlich sein Kopf auf die Brust. Dann richtete er sich mit Mühe wieder auf.

»Willst du schlafen gehen, Hamid?«

»Nein, Herr Lehrer.«

»Wenn du schlafen willst, bringe ich dich ins Lehrerzimmer.«

»Nein, Herr Lehrer.«

Da er furchtbar erschöpft aussah, führte ich ihn dennoch ins Lehrerzimmer, einen fast kahlen Raum. Das einzige Bild an der Wand hatte der erfolglose Zeichenlehrer aus den Farbresten seiner Schüler gemalt. Schwere Stühle standen an feuchten Wänden und um einen kleinen Tisch, auf dem sich Bücher und Hefte häuften. Hamid blieb unsicher an der Tür stehen; er war verängstigt. Seine Mütze drehte sich in den kleinen Fingern. Sein Blick wanderte zwischen mir und dem Zimmer hin und her.

»Mach dir's auf irgendeinem Stuhl bequem. Wir legen auch etwas Holz im Ofen nach.«

Langsam ging er auf den nächstbesten Stuhl zu und setzte sich auf die Kante. Die Wärme brachte Glanz in seine Augen.

»Hast du gestern nacht viel Kuchen verkauft?«

»Nicht viel.« In seiner Stimme lag unsäglicher Schmerz. Sein Gesicht zuckte.

»Warum nicht?«

»Ich bin eingeschlafen. Ich bin eingeschlafen, während ich auf das Ende der Kinovorstellung gewartet habe. Als ich aufgewacht bin, war alles vorbei.«

»Schlaf jetzt! Ich muss zurück in die Klasse.«

Ich weiss nicht, wie ich den Unterricht zu Ende brachte. Ich war seltsam bewegt und fürchtete, vor den Schülern in Tränen auszubrechen.

In der Pause schlief Hamid tief und fest. Seine Nase war noch immer blau vor Kälte, doch kehrte das Blut langsam in seine Wangen zurück. Keiner der Lehrer stellte eine Frage. Vorfälle dieser Art gab es Tag für Tag. Schweigend schlürften sie ihren Tee.

In den folgenden Tagen suchte ich nach einem Weg, mehr über Hamid zu erfahren, ohne ihm mit meiner Neugier zu nahe zu treten. Das war ein äusserst schwieriges Unterfangen, denn jeder Schüler in der Vertriebenenschule war sehr darauf bedacht, seine persönliche Tragödie für sich zu behalten und niemandem sonst etwas davon mitzuteilen. Es schien fast eine Art Absprache darüber zu geben, dass das so zu sein habe.

Kleinigkeiten, wenn sie sich in einem besonderen Moment ereignen, erhalten eine grössere Bedeutung, als ihnen eigentlich zukommt. Ich will damit sagen, dass jedes grosse Ereignis als Kleinigkeit beginnt.

Eines Tages brachte mir mein jüngerer Bruder das Mittagessen in die Schule. Als mir der Hausmeister das mitteilte, schickte ich Hamid hinaus, um das Essen in Empfang zu nehmen. Als er zurückkam, merkte ich ihm an, dass er irgendwie betroffen war. Ich liess ihn deshalb während der Mittagspause ins Lehrerzimmer kommen.

Hamid erschien unsicher wie immer im Lehrerzimmer, und obwohl ich allein war, blieb seine Unsicherheit. Nervös drehte er seine Mütze. In seinen Augen lag derselbe Ausdruck wie immer.

»Gefällt dir mein Bruder, Hamid?«

»Er sieht dem meinen ähnlich.«

Ich hatte nicht erwartet, dass wir so schnell zum eigentlichen Thema vordringen würden. Überrascht fragte ich daher: »Deinem Bruder? Ich dachte, du hättest nur zwei Schwestern.«

»Ja, mein Bruder ist tot.«

»Tot?«

Nun bemächtigte sich auch meiner eine gewisse Unsicherheit. Dieser Junge schien ausserordentliche Geheimnisse in seiner schmächtigen Brust zu bergen.

»War er jünger als du?«

»Nein, älter.«

»Wie ist er denn gestorben?«

Hamid antwortete nicht. Ich sah, wie ihm die Tränen in die Augen traten und ihm schliesslich übers Gesicht liefen. Beschämt versuchte er, sie abzuwischen.

»Gut ... Du brauchst jetzt nichts zu sagen. Weisst du übrigens, dass auch mir ein Bruder gestorben ist?«

»Wirklich?«

»Ja, er wurde von einem Auto überfahren.«

Ich log, doch ich wollte dem Jungen irgendwie zeigen, dass er mit seinem Schmerz nicht allein stand. Ich spürte, dass meine Lüge auf ihn wirkte. Durch allen Kummer hindurch glänzten seine Augen, als er langsam zu erzählen begann.

»Mein Bruder wurde nicht von einem Auto überfahren. Er hat als Diener in einem Haus im vierten Stock gearbeitet. Er war mit allem zufrieden ...«

Hamid versuchte, seinen Worten mit Gesten Nachdruck zu verleihen. Seine Tränen flossen, er merkte es nicht.

»... einmal hat er in den Aufzug geschaut, der keine Tür hatte. Da hat ihm der hinunterfahrende Aufzug den Kopf abgerissen.«

»Und dann ist er gestorben?«

Die Frage war einfältig. Dennoch, ich musste sie stellen. Ich brauchte etwas Zeit, des Schauders Herr zu werden, der mich überlief.

Hamid nickte und fragte dann plötzlich: »Hat das Auto Ihrem Bruder den Kopf abgerissen?«

»Meinem Bruder? ... Ach so, ja ... Ja, es hat ihm auch den Kopf abgerissen.«

»Waren Sie sehr traurig, als es passiert ist?«

»Ja ...«

»Weinen Sie auch, wenn Sie an ihn denken?«

»Nicht oft ...«

»Sagen Sie mal, Herr Lehrer, haben Sie einen Vater?«

»Natürlich ... ja, warum?«

Er kam etwas näher und fragte, seine Stimme bebte: »Geht es ihm gut?«

»Ja ... Warum?«

Trauer und Schmerz blickten aus seinen Augen. Ich spürte, dass das noch nicht die ganze Tragödie gewesen war, die auf ihm lastete. Doch ich war überzeugt, dass Hamid keine Frage mehr beantworten würde. Seine Lippen waren fest verschlossen, sein Blick auf die kahle Wand gerichtet. Seine Hose war zu kurz und zerrissen, sein blaues Hemd schmutzig und abgetragen. Als er merkte, dass ich ihn musterte, riss er sich zusammen. Er errötete ein wenig, die Wollmütze kreiste noch schneller zwischen seinen Fingern.

Danach beschäftigte mich der Fall Hamid immer mehr. Es gelang mir aber überhaupt nicht, tiefer in sein Leben einzudringen, mehr über seine Tragödie zu erfahren. Von all meinen Schülern, von denen jeder seine eigene Tragödie hatte, zog mich Hamid am meisten an, vor allem seine unglücklichen, verzweifelten Augen. Er ging mir nicht mehr aus dem Sinn, und verschiedentlich nahm ich mir vor, ausserhalb der Schule selbst Nachforschungen über seine Lebensumstände anzustellen. Ja, eines Tages überlegte ich mir, wie ich ihm auf irgendeine unaufdringliche Art finanziell helfen könnte, ohne ihn zu demütigen. Doch alle meine Bemühungen wurden zunichte, und ich kapitulierte vor seinen Augen, aus denen neben Kummer und Schmerz auch Stolz blickte.

Dann wurde mein Verhältnis zu Hamid nach und nach etwas kühler. Eine Reihe kleiner Vorfälle weckten in mir einen gewissen Unmut gegen dieses komplizierte Geschöpf, das so voller immer neuer, nicht enden wollender Geheimnisse steckte. Eines Tages klagte er bei mir über einen meiner Kollegen, der ihn schwer beleidigt habe. Er sah mich wütend an und behauptete: »Nur weil ich Waise bin … Sonst hätte ich nämlich meinen Vater geholt.«

»Ja ist denn dein Vater tot?«

»Ja«, erwiderte er verlegen, den Kopf gesenkt.

»Warum hast du mir das nicht schon früher gesagt?«

Hamid antwortete nicht. Sein Kopf wiegte fortwährend hin und her.

»Also sorgst du allein für deine Familie?«

»Ja, ich sorge für sie. Meine Mutter verdient ein bisschen mit Putzen in den UNRWA-Läden. Aber ich verdiene mehr.« Er schwieg kurz. Dann fuhr er, seine Worte mit Gesten unterstreichend, plötzlich fort: »Ich kaufe nämlich immer drei Kuchen um zehn Groschen und verkaufe einen um fünf.«

»Und du schläfst nicht mehr ein, wenn du auf die Kinobesucher wartest?«

»Nein, ich habe mich ans Wachbleiben gewöhnt.«

Darf ein Lehrer zugeben, er habe hin und wieder bei einem Schüler, dem das Schicksal hart zugesetzt hat, etwas nachgeholfen? Ich habe das getan. Hamid hatte immer gute Noten, obgleich seine Leistungen nur mittelmässig waren. Doch niemals hatte ich den Eindruck, gerechter zu sein, als wenn ich Hamids Noten festlegte. Da hatte ich nie Bedenken. Diese kamen erst, als ich anfing, an der Aufrichtigkeit seines Benehmens, seiner Worte, ja selbst seiner Tränen zu zweifeln.

An einem heissen Nachmittag gegen Ende des Schuljahres berichteten mir meine Schüler, der Hausmeister habe Hamid furchtbar verprügelt, als er gerade über den Zaun klettern wollte, um die Schule zu schwänzen. Ich liess den Hausmeister ins Lehrerzimmer kommen, um ihm Vorhaltungen zu machen. Doch dieser schien zufrieden mit sich und überzeugt, das Richtige getan zu haben, und zeigte sich taub gegenüber allen pädagogischen Ausführungen meinerseits. Schliesslich blieb mir nur noch die Zuflucht zu seiner eigenen Logik.

»Schämst du dich denn nicht, Abu Salim, einen Waisenjungen zu schlagen?«

Abu Salim, die Arme auf der Brust verschränkt, streckte den Kopf vor und rief aus: »Waisenjunge? Sein Vater ist ein Kerl wie ein Schrank.«

»Hamid hat einen Vater?« fragte ich verwundert, worauf ich dieselbe Antwort erhielt, nur noch nachdrücklicher vorgebracht: »Sein Vater ist ein Kerl wie ein Schrank.«

Die Demütigung traf mich wie ein Schlag. Es kränkte mich, dass der Junge meine Anteilnahme an seinem Leben durch schäbige Lügen erwirkt hatte. Ich kam mir wie ein gutmütiger Trottel vor, und alle die Noten, die ich ihm so guten Gewissens gegeben hatte, schienen mir jetzt hämisch ins Gesicht zu grinsen.

Auf dem Nachhauseweg liessen mir die Worte Abu Salims keine Ruhe, ich wiederholte sie mir ständig. Schliesslich sagte ich mir, diese kleinen Lausbuben seien eben tatsächlich sehr weit für ihr Alter und mein Fehler sei es, sie einfach wie Kinder behandelt zu haben. Ich hatte die Augen vor der Tatsache verschlossen, dass sie schon Männer waren, denen jedes Mittel recht war, um an ihr Ziel zu gelangen. Die Art, wie Hamid mit seinem Lehrer umsprang, entsprach genau der Art, wie ein Kuchenverkäufer mit einem halbbetrunkenen Kunden umspringt, dem er zwei Kuchen andreht, oder einen zum doppelten Preis.

Dennoch wurde ich das quälende Gefühl nicht los, von Hamid zutiefst gedemütigt worden zu sein, und ich begann über eine angemessene »Rache« nachzusinnen. Heute glaube ich zwar, dass die ganze Angelegenheit töricht war und meine Art, darauf zu reagieren, noch törichter. Doch damals konnte ich mich nicht bereit finden, auch nur einen Millimeter von meinem Recht abzurücken, mich für die Demütigung zu rächen.

Was danach noch geschah, war nicht dazu angetan, mich zu besänftigen. Im Gegenteil, es verstärkte meinen Ärger nur noch, und ein quälender Schmerz presste mir unbarmherzig die Brust zusammen. Ein etwas geschwätziger Schüler erzählte mir nämlich, Hamids Mutter sei vor mehreren Monaten nach einer Totgeburt gestorben.

So versank ich in einem Strudel von Lügen, die dieser kleine Hamid mit unglaublichem Geschick um mich herum aufgetürmt hatte.

Heute, es war ein glühendheisser Tag, war dann das Mass voll. Ich kam aus der Schule. Da erblickte ich ihn plötzlich, nachdem er schon längere Zeit gefehlt hatte. War es reiner Zufall, dass ich ihn an derselben Stelle traf, an der ich ihn zum erstenmal gesehen hatte?

Da hockte er, hinter seiner fettverschmierten Holzkiste, und starrte, auf der Suche nach einem Schuh, auf die Strasse. Ich blieb wie vom Blitz getroffen stehen. Ich konnte es kaum fassen, hier den vermeintlichen Kuchenverkäufer zu sehen. Die Demütigung schnürte mir die Kehle zusammen, und noch ehe ich mir bewusst war, was ich tat, hatte ich ihn schon am Kragen gepackt, schüttelte ihn erbarmungslos und fauchte ihn an: »Du Lügner!«

Der Junge schaute aus weitgeöffneten Augen zu mir herauf. Sein Blick war von Überraschung und Angst gezeichnet. Seine Lippen bewegten sich, doch er brachte keinen Laut hervor. Ohne Erfolg versuchte er, sich aus meinem Griff zu befreien.

Angesichts des niedergeschlagenen Schweigens liess mein Zorn nach.

»Du Lügner!« rief ich nochmals.

»Herr Lehrer …«, brachte er mühsam hervor, hob den Arm und schaute sich unruhig um. Dann gestand er zitternd: »Ja, Herr Lehrer, ich bin ein Lügner. Aber hören Sie …«

»Ich will nichts mehr hören.«

Seine Augen wurden kleiner. Er schien drauf und dran, in Tränen auszubrechen. Nochmals sagte er, seine Stimme bebte: »Hören Sie, Herr Lehrer …«

»Du Lügner! Du lebst bei deiner Mutter, nicht wahr, du Lügner?«

»Nein, Herr Lehrer, nein. Meine Mutter ist tot, aber ich darf es niemand sagen. Als sie gestorben ist, hat uns unser Vater verboten, mit irgend jemand darüber zu sprechen. Wir mussten schweigen.«

Ich lockerte meinen Griff etwas.

»Und warum?« fragte ich weiter.

»Er hatte kein Geld für die Beerdigung. Angst vor der Regierung hatte er auch.«

Ich liess meinen Arm sinken. Nun konnte ich die Angst des Jungen verstehen, für die ich bis heute keine Erklärung gehabt hatte. Aber ich befürchtete, wieder angelogen zu werden, und so fuhr ich ihn nochmals an, doch nicht mehr so grob wie zuvor: »Und dein Vater? Du hast gesagt, er sei tot. Ist's nicht so?«

Nun konnte Hamid sich nicht länger beherrschen. Er drehte sich zur Mauer und weinte. Durch sein Schluchzen hindurch brachte er mühsam hervor: »Er ist nicht tot. Er ist wahnsinnig und läuft halbnackt durch die Strassen. Er hat den Unfall meines Bruders im Aufzug gesehen. Da ist er wahnsinnig geworden.«

»Er ist wahnsinnig geworden?«

»Ja. Mein Bruder hat in den Aufzugschacht geschaut, um meinem Vater zuzuwinken. Mein Vater hat alles mit eigenen Augen gesehen. Seitdem läuft er ziellos durch die Strassen.«

Mir wurde schwindlig. Ich fragte weiter: »Und warum hast du mir erzählt, du würdest Kuchen verkaufen? Schämst du dich, Schuhe zu putzen?«

Hamids Blick wurde weicher. Er schaute mich an und sagte schüchtern: »Nein. Ich habe wirklich Kuchen verkauft. Erst vorgestern habe ich wieder angefangen, Schuhe zu putzen.«

»Aber du hast doch gut verdient?«

»Ja, aber …« Der kleine Kopf wiegte hin und her, wie immer, wenn Hamid sich schämte. Er klopfte mit der Schuhbürste rhythmisch auf den Deckel seiner Kiste und flüsterte, ohne aufzublicken: »Gegen Mitternacht war ich hungrig. Da habe ich zwei oder drei Kuchen gegessen.«

Ich wusste nicht mehr, wie ich mich verhalten sollte. Am liebsten wäre ich davongelaufen. Doch ich war zu schwach. Der kleine Kopf mit dem krausen schwarzen Haar blieb gesenkt. Unwillkürlich setzte ich meinen Fuss auf die Kiste.

Die kleinen geschickten Hände machten sich an die Arbeit, während der krause Kopf über dem Schuh hin-

und herwiegte. Dann hörte ich ihn kurz und bündig sagen: »Herr Lehrer, Sie haben Ihre Schuhe seit einem Jahr nicht gewechselt. Es sind billige Schuhe.«

Kuwait, 1959

Wände aus Eisen

Jedem von uns war es sofort klar: In dem würfelförmigen Paket, das der kleine Hassan als Geburtstagsgeschenk von einem Onkel erhielt, befand sich ein Käfig mit einem richtigen Vogel darin. Schon bevor Hassan das durchlöcherte Packpapier abgerissen hatte, hörten wir, die wir im Kreis um ihn herumstanden, zaghaftes Flügelschlagen und unterdrücktes Piepsen. Dennoch konnten wir nicht glauben, dass es sich um einen richtigen Vogel handeln sollte … Was konnte schon ein kleiner Junge mit einem lebendigen Vogel anfangen?

Augenblicke später war das bunte Papier abgerissen, und Hassan stürzte sich auf den Käfig, umfasste ihn fest und drückte ihn an sich; dann jubelte er aufgeregt: »Ein Stieglitz!«

Es war uns noch kaum vergönnt gewesen, den Käfig mit dem Stieglitz richtig zu sehen. Denn Hassan war ganz aufgeregt, seine Wangen glühten und seine Augen leuchteten, während er sich hin- und herdrehte, ohne recht zu wissen, was er zu tun habe … Doch einige Augenblicke später gestattete er uns, einen Blick auf den gefangenen Vogel zu werfen, ohne jedoch seinen festen Griff um den Tragring des Käfigs zu lockern.

Der Holzrahmen des kleinen Käfigs war nicht gestrichen. Seinen Boden bedeckte ein Stück poliertes Glas. Zwischen den beiden Querwänden war ein Rohr befestigt. In einer Ecke hing ein Behälter für Körner, in einer anderen einer für Wasser. Das Käfigdach hatte die Form einer Pyramide. Die Metallstäbe schienen neu und sauber eingepasst … Ganz oben im Käfig klammerte sich der verstörte Stieglitz mit seinen dünnen Füsschen fest. Er zitterte und wackelte heftig mit dem Kopf, während er uns aus tiefschwarz leuchtenden, schimmernd umrandeten Äuglein anschaute. Sein Kopf war vorne flammend karmesinrot, was seinem feinen Gesichtchen einen Ausdruck von Trotz, aber auch von Trauer und Machtlosigkeit verlieh. Es war ein Gesicht, aus dem Erniedrigung, aber auch grosser Heldenmut sprachen …

Während jener kurzen Augenblicke war der Stieglitz unaufhörlich zwischen den Wänden und dem Dach des Käfigs hin- und hergehüpft. Und immer wieder, beharrlich und hartnäckig, blieb er kurz sitzen, steckte seinen spitzen gelben Schnabel zwischen den Gitterstäben hindurch und suchte verzweifelt nach einer Öffnung, einem Ausgang. Die roten und schwarzen Tupfen auf seinem Kopf liessen ihn blindwütig und zugleich tieftraurig erscheinen … Sein kleiner, angespannter Körper, seine verkrampften Krallen und die zornig funkelnden Augen erweckten den Eindruck, als habe er eine schwerwiegende Entscheidung getroffen.

»Warum fliegt er ständig herum?«

»Er hat Angst.«

»Vor wem?«

»Vor dir.«

Hassan blickte bekümmert auf den Stieglitz. Warum sollte sich der verstörte Vogel vor ihm ängstigen?

Ich bemerkte auf seinem Gesicht einen Ausdruck von Ratlosigkeit und Bedauern, wie ihn ein Kind bekommt, das nicht weiss, wie es sich etwas gewogen machen kann. Im selben Augenblick sagte mein älterer Bruder, der hinter mir stand: »Aber nein, er hat keine Angst vor dir. Stieglitze haben keine Angst.«

»Warum fliegt er dann ständig herum?«

»Er lernt sein Zuhause kennen. Siehst du nicht? Schau doch nur, wie er eifrig an den Stäben riecht ... Er möchte wissen, wo er lebt.«

Gemeinsam betrachteten wir den Stieglitz, der rastlos von einer Gitterwand zur anderen flatterte. Und wirklich hatten wir den Eindruck, er mache sich mit den Gegenständen vertraut.

Doch Hassan gab sich noch nicht zufrieden. »Aber er war doch schon im Käfig, bevor er hierherkam ... Warum hat er sich nicht schon vorher daran gewöhnt?«

»Offenbar hat ihn dein Onkel erst vor ein paar Tagen gefangen oder gekauft; der Käfig ist also etwas Neues für ihn. Das sieht man deutlich an seinen hastigen Bewegungen.«

Wiederum richteten wir unsere Blicke auf den kleinen Vogel, der noch immer von einer Käfigwand zur anderen hüpfte.

Mein Bruder fuhr im selben ruhigen Ton fort: »Ein Stieglitz braucht zwei oder drei Monate, um sich an ein neues Zuhause zu gewöhnen ... Während dieser Zeit untersucht er es eifrig, um es kennenzulernen; gleichzeitig sucht er auch nach einer Öffnung, um hinauszuschlüpfen ...«

Hassan hielt seine kleinen Hände auf dem Rücken gefaltet und betrachtete erneut den grauen Vogel mit seinen blutroten Tupfen.

»Noch drei Monate soll das so weitergehen?«

»Gewiss.«

»Und während der drei Monate wird er nicht singen?«

»Nein, er wird piepsen, aber nicht singen.«

»Und nach den drei Monaten?«

»Vielleicht …«

»Und bei Nacht? Schläft er da, wie wir?«

»Nein. Er wird mit offenen Augen dasitzen, um alles um sich herum zu beobachten.«

Da mein Bruder wusste, dass Hassan immer weiter fragen würde, verliess er rasch das Zimmer. Ich meinerseits war mir darüber im klaren: Hassan würde mich die ganze Nacht nicht schlafen lassen, ständig würde er an den Vogel denken, jedesmal wenn dieser sich bewegte und regte.

Während der folgenden fünf Tage war Hassans Leben vollständig von dem Stieglitz erfüllt. Er lud einige seiner Freunde ein, damit sie den Vogel anschauten, der jetzt auch schon einmal einen Augenblick lang ruhig sass, an den Gitterstäben roch und sich mit den Winkeln und Öffnungen vertraut machte. Jedesmal wiederholte Hassan dann seinen Freunden, was er von meinem Bruder gehört hatte; und wie es Kinder so tun, erfand er das eine oder andere hinzu … Doch er war nicht völlig davon überzeugt, dass der verstörte Vogel sich nur an sein neues Zuhause gewöhnte … Mehr als einmal benutzte er eine Gelegenheit, mir seine Zweifel deutlich zu machen; denn diese Zweifel und Bedenken meinem Bruder mitzuteilen, dazu hatte er doch nicht den Mut. Einmal fragte er mich: »Und wenn ich nun nach drei Monaten die Käfigtür aufmachen und den Stieglitz fortfliegen lassen würde, käme er dann wieder zum Käfig zurück?«

Ich konnte ihm darauf nicht antworten, hatte ich doch keine Ahnung von den Lebensgewohnheiten der Vögel. Ich versprach Hassan, meinen Bruder zu fragen und ihm die Antwort mitzuteilen. Als ich jedoch die Frage an meinen Bruder weitergab, fuhr dieser mich an: »Sei doch nicht albern! Der Vogel macht sich mit dem Käfig nur vertraut, um das Leben darin ertragen zu können. Er wird sich nicht mehr dafür interessieren, wenn man ihm die Freiheit schenkt.«

Hassan sagte ich das nicht. Es wäre zwecklos gewesen, die Geschichte noch komplizierter zu machen, die sich in seinem kleinen Kopf festgesetzt hatte. Sollte er all das verstehen, wie er wollte; das brachte ihm und uns weniger Aufregung. Mein Bruder teilte diese Ansicht. Er glaubte noch immer, es sei im Grunde unsinnig, einem kleinen Jungen einen richtigen Vogel zu schenken; denn dadurch träten die anderen Seiten des Kinderlebens völlig in den Hintergrund.

»Schau doch nur! Er hat alle seine Spielsachen vergessen und alle seine Tiere aus Gummi, Stoff und Wolle … Millionen von Vögeln aus Stoff oder Plastik können jetzt diesen verfluchten Stieglitz nicht mehr aufwiegen … Was für einen Namen hat er ihm gegeben?«

»Stieglitz.«

»Was?!«

»Stieglitz! Er sah nicht ein, warum er den Stieglitz nicht ›Stieglitz‹ hätte nennen sollen.«

Am folgenden Tag bat Hassan mich um etwas Geld, damit er einen grösseren Käfig kaufen könne. Auch ich hatte schon bemerkt, dass der jetzige Käfig für den unermüdlichen, wild herumfliegenden Vogel zu klein war. Zwar würde auch in einem neuen Käfig dieses Herumflattern nicht aufhören. Er würde dem Vogel aber erlauben, seine hübschen Flügelchen besser zu bewegen. Hassan war glücklich über die Veränderung, ganz besonders als ich ihm sagte, er müsse den Vogel selbst in den neuen Käfig setzen. Ich erklärte ihm, er solle den kleinen Stieglitz zwischen seine Hände nehmen, dürfe aber weder zu fest fassen, damit er ihn nicht erdrücke, noch die Hände zu weit auseinander halten, sonst flöge der Vogel davon.

»Und wenn er mich in die Hand pickt?«

»Das hiesse, dass du ihn zu fest gedrückt hast ... Dann musst du etwas lockerlassen ...«

»Und wenn er davonfliegt?«

»Dann hättest du ihn nicht fest genug gehalten.«

Er schaute mich verständnislos an. Aber er war bereit, den Vogel auf die eine oder andere Art zu »verlegen«, und er machte seine Sache besser als erwartet. Er jammerte auch nicht, als ihn der Stieglitz mit dem Schnabel in die Hand zwickte.

Während der folgenden Tage erzählte er oft davon; er glaubte wirklich, der Vogel sei im geräumigen neuen Käfig glücklicher. Doch mein Bruder, der all dem geduldig zuhörte, während wir zu Mittag assen, war anderer Ansicht und sagte, ohne von seinem Teller aufzublicken: »Es war ein Fehler von dir, einen neuen Käfig zu kaufen.«

»Warum?«

»Du hast einen Monat verloren. Der Stieglitz muss sich jetzt noch einmal an ein neues Zuhause gewöhnen. Das wird eine Zeitlang dauern, zumal der neue Käfig sehr gross ist.«

Ich betrachtete Hassan von der Seite. Er schaute sich betrübt um und versuchte dann weiterzuessen. Doch gleich darauf legte er den Löffel neben seinen Teller und sah mich an. Mein Bruder bemerkte offenbar Hassans Reaktion und versuchte nun, die Sache zurechtzubiegen. In unverändertem Ton sagte er: »Wer weiss? Vielleicht sagt ihm ja sein neues Zuhause zu, und er gewöhnt sich schneller daran als erwartet. Dein Stieglitz ist sicher ein Fachmann in Wohnungsfragen ...«

Bevor er ausgeredet hatte, begegneten sich unsere Blicke, während Hassan mich noch immer verständnislos ansah, in der Hoffnung, mein Gesichtsausdruck werde ihm weiterhelfen.

Mein Bruder schluckte und verfolgte dann seinen Gedanken weiter. »Dein Stieglitz ist sicher ein Fachmann in Wohnungsfragen. Zwei Monate lang hat ihn dein Onkel in einem Bambuskäfig gehalten. Dann hat er ihm den Holzkäfig gekauft, um ihn dir darin zu schicken. Und nun kaufst du ihm einen Monat später einen weiteren Käfig.«

Noch bevor mein Bruder ausgeredet hatte, stiess Hassan seinen Stuhl zurück und wollte, ohne ein Wort zu sagen, in sein Zimmer gehen. Doch ich liess ihn nicht vorbei und fasste ihn am Arm. Er hielt den Kopf gesenkt, das Kinn gegen die Brust gepresst. Dennoch konnte ich in seinen Augen die Tränen sehen, die er während des ganzen Essens zurückgehalten hatte. Noch bevor er zu weinen begann, fragte ich ihn flüsternd, den Mund dicht an seinem Ohr: »Was ist los?«

Doch er war nicht imstande, etwas zu sagen. Ich liess seinen Arm los, und er rannte in sein Zimmer. Ich folgte ihm wenig später und fand ihn auf den Knien vor dem Käfig, in dem der Stieglitz hin und her hüpfte. Hassan drehte sich zu mir. Es schien, als habe er sich die Worte gut zurechtgelegt, die er mir mit scharfer, bebender Stimme entgegenschleuderte: »Seit drei Monaten fliegt er ständig herum … Nun hat er noch mal drei solche Monate vor sich …«

Ich hatte den Eindruck, dass die zarten Flügelchen den kleinen Vogel nicht nochmals drei Monate würden tragen können, und war drauf und dran, Hassan vorzuschlagen, er solle die Käfigtür öffnen und den Vogel freilassen. Doch ich schwieg und wartete, dass er ohne meine Hilfe darauf käme.

Dann geschah etwas Merkwürdiges. Plötzlich blieb der Vogel sitzen. Seine zarten Zehen hielten das dünne Rohr fest umklammert. Er betrachtete uns mit zornigem Blick. Kurze und hastige Atemstösse bewegten die schneeweisse Brust. Einige Augenblicke schaute er uns unbeweglich an. Ich sah kommen, was geschah: Hassan stand überglücklich da. Sein Gesicht war gerötet. Dann sah er mich mit grossen Augen an. Ich lächelte, während er strahlte wie lange nicht mehr ... Wie der Wind rannte er ins Esszimmer; sein Rufen und seine Tritte hallten im Gang wider.

»Er hat sich beruhigt ... Der Stieglitz fliegt nicht mehr herum!«

Dann hörte ich ihn zurückkommen, sah, wie er zur Tür hereinstürzte, vor dem Käfig niederkniete, sich mit den Händen auf die Beine schlug, vor Freude ausser sich.

Kurz darauf kam mein Bruder und blieb einen Moment hinter Hassan stehen. Dann beugte er sich plötzlich vor, die Hände auf die Knie gestützt, und betrachtete den Stieglitz, der ruhig auf der Stange sass, während Hassan in einem fort rief: »Siehst du nicht? Er fliegt nicht mehr herum!«

Mein Bruder schüttelte langsam den Kopf. Er runzelte die Stirn, während er noch immer aufmerksam den Vogel betrachtete. Dann sagte er ganz kurz: »Er stirbt.«

Beirut, 1963

Der Horizont hinter dem Tor

Bevor er die oberste Stufe erreicht hatte, hielt er inne, um Atem zu holen … Nein, er konnte wirklich nicht so erschöpft sein. Er wusste doch, dass er niemals so fertig war … Das Auto hatte ihn direkt an der Hoteltür abgesetzt; auch trug er ja nur einen kleinen Korb; und schliesslich war auch die Treppe nicht so lang, wie es ihm vorkam. Doch diese letzten drei Stufen erledigten ihn immer, liessen ihm die Knie weich werden und brachen seine Entschlossenheit.

Er stellte den Korb auf die Treppe und lehnte sich mit dem Rücken gegen die Wand … Würde er wieder umkehren? Die Frage schien ihm merkwürdig, doch er konnte sie nicht loswerden. Wie ein Gong dröhnte sie ihm im Kopf … Soll ich umkehren? Und im Schwindel der Unentschlossenheit, der ihn erfasst hatte, erinnerte er sich plötzlich, dass er zwei Jahre zuvor ebenso dagestanden und sich dieselbe Frage gestellt hatte. Nur einen Augenblick später war er zum Auto zurückgegangen und hatte Jerusalem verlassen. Würde er jetzt wieder umkehren? Er streckte seine Hand nach dem Korb aus, packte ihn am Henkel und stürzte die Treppe hinauf, als müsse er sich aus einem Morast ziehen …

Nein, diesmal werde ich nicht umkehren. Ich sollte mich schämen, so feige zu sein. Zehn Jahre habe ich nun diese Bürde getragen. Jetzt muss ich mich ihrer am Mandelbaum-Tor entledigen, diesem Tor, welches sich wie eine steinerne Trennwand zwischen dem besetzten Land und der übrigen Erde erhebt. Nein, diesmal werde ich nicht umkehren. Ich muss dieser langen Lüge ein Ende machen, mit der ich seit zehn Jahren lebe – freiwillig oder unfreiwillig, ich weiss es nicht.

Als er zwei Jahre zuvor nach Jerusalem gekommen war, war er fest entschlossen gewesen, seiner Mutter gegenüberzutreten und ihr alles zu erzählen. Doch in dem Augenblick, als er auf der Hoteltreppe stehengeblieben war, hatte er gespürt, dass er die lange Lüge nicht würde wegwischen können. Jahrelang hatte er seiner Mutter übers Radio mitteilen lassen: »Dallal und mir geht es gut. Lasst uns hören, wie es euch geht! Wir machen uns Sorgen!« Die Lüge hatte während dieser zehn Jahre ein so erschreckendes Ausmass angenommen, dass er es nicht zu rechtfertigen fand, ein grausames, entscheidendes, einziges Mal, das vielleicht auch tödlich sein konnte, die Wahrheit zu sagen. Darum hatte er es an jenem Tag vorgezogen, die Treppe nicht vollends hinaufzusteigen und zum Auto zurückzukehren. Zweifellos hatte seine Mutter während jenes Morgens im Umkreis des Tores gestanden und sich gereckt, um ihn in der Menschenmenge auszumachen. Und zweifellos war sie zutiefst enttäuscht gewesen. Doch all das war um vieles leichter, als dort vor sie hinzutreten, nach zehn Jahren, und ihr die mörderische Wahrheit zu sagen.

Er warf sich auf sein Bett und verschränkte die Arme unter dem Kopf. Langsam legte die Dunkelheit ihre Hand über die schlafende Stadt; und das Zimmer war leer bis auf einen einzigen entscheidenden Gedanken: Ich muss morgen unbedingt zum Mandelbaum-Tor gehen …!

Morgen würde sie ihm mit ihrer mageren Hand zuwinken, würde sie ihm entgegeneilen mit ihrem grauen Haar und ihrem tränennassen, vom Alter gezeichneten Gesicht, würde sie sich weinend an seine Brust werfen, zitternd wie ein Vögelchen im Todeskampf, würde sie ihren erschöpften Kopf an sein Gesicht drücken, ohne ein Wort zu finden, mit dem sie ihre einsame Liebe ausdrükken könnte. Was sollte er ihr dann sagen, wenn sie an seiner Brust bebte; wenn ihm selbst das Herz in der Brust bebte? Wo müsste er beginnen?

Er wälzte sich in seinem Bett, und es war ihm, als klinge sein Herzschlag durch den ganzen Körper wie eine straff gespannte Saite. Er würde ganz vorne anfangen, damals, als er Jaffa verliess, um nach Akka zu gehen, wo er das Mädchen treffen sollte, mit dem seine Mutter ihn unbedingt verheiraten wollte. Er erinnerte sich ganz genau an jenen Augenblick: Seine Mutter stand auf der Treppe und wünschte ihm Erfolg und alles Gute; seine Tante stand neben ihr und winkte ihm ermunternd zu; er wusste, sie würde während seiner Abwesenheit bei ihr bleiben. Er selbst hielt seine Schwester Dallal am Arm, die ihn begleiten wollte – ein zartes zehnjähriges Mädchen, das mit seinem Bruder zusammen zum erstenmal von zu Hause fortging.

Doch alles kam anders, als er und sie es sich gewünscht hatten. Wenige Tage nach ihrer Abreise wurde die Strasse gesperrt und die Rückkehr unmöglich. In jenen dunklen

Tagen, die er fern von seiner Mutter verbrachte, war er in grosser Unruhe, nicht um seiner selbst, sondern um Dallals willen, die für seine Mutter alles bedeutete. Sie war es, die der alten Frau Lebensmut gab bei Todesfällen in der Nachbarschaft; sie war es, die für sie das Leben verkörperte, wenn alles andere Tod bedeutete. Nein, dieser Teil der Geschichte interessierte seine Mutter keinesfalls. Sie wollte sicherlich weniger Bekanntes erfahren.

Wiederum wälzte er sich unruhig im Bett. Das Zimmer lag in fahlem Licht. Der kleine Korb lehnte wie etwas Lebendiges an der Wand. Warum sollte er mit der Geschichte nicht ganz vorn beginnen? Warum sollte er ihr nicht berichten, wie die Juden in Akka eindrangen und was dann geschah.

Er war im Zimmer, als vor seinen Augen die Hölle losbrach. Mit anderen hatte er sich zurückgezogen, als sich die Dunkelheit über Akka senkte. Sein kleines Gewehr hatte alles, was darin war, ausgespuckt und sich in einen Stock verwandelt, einen dürren Stock, zu nichts mehr zu gebrauchen. Er ging in sein Zimmer und nahm Dallal in den Arm, die angesichts des Entsetzens, das sich über die Stadt gebreitet hatte, weinte. Dann, bevor er sich dessen gewahr wurde, barst die Tür. Eine Salve ging los; ein Kugelhagel ergoss sich über das Zimmer. Als sich der Rauch verzogen hatte, sah er vier Männer, die vor seinen Augen die hölzerne Zimmertür verbarrikadierten; doch er rührte sich nicht. Dallal lag zuckend in ihrem Blut; sie röchelte noch einige Male. Als er sie an die Brust drückte, als wolle er ihr sein Herz und sein Blut geben, blickte sie ihn an. Dann zog sie die Brauen hoch und wollte etwas sagen. Doch der Tod kam ihr zuvor.

Hatte er geweint? Heute erinnerte er sich an nichts mehr; nur noch daran, dass er seine tote Schwester auf die Arme nahm, mit ihr auf die Strasse rannte, sie den Passanten unter die Augen hielt, um sie um ihre Tränen zu bitten – so als ob seine Tränen allein nicht genügten. Er wusste nicht mehr, wann es den Leuten gelang, den toten Körper seinen Armen zu entwinden. Doch er wusste noch, dass ihn, als er seine tote Schwester verloren hatte, als ihm ihr steifer, kalter Körper genommen worden war, das Gefühl überkam, alles verloren zu haben: sein Land, seine Familie, seine Hoffnung. Jetzt war es ihm gleichgültig, sollte er auch sein eigenes Leben verlieren. Von da an begann er umherzuziehen, verliess sein Land und floh vor dem Schicksal, das ihm so hart zugesetzt hatte.

Wenn er all dies erzählte, würde die grosse Lüge getilgt, die er zehn Jahre lang aufgebaut hatte, und seine Mutter würde plötzlich erfahren, dass Dallal tot ist, seit zehn Jahren, und dass ihr Sohn sie diese ganze Zeit über angelogen hatte, wenn er immer wieder und unermüdlich denselben kalten Satz durchs Radio hatte übermitteln lassen: »Dallal und mir geht es gut. Lasst uns hören, wie es euch geht! Wir machen uns Sorgen!«

Er stand auf, ging ans Fenster, zog die dunklen Vorhänge beiseite und blickte auf die Strasse hinab … Er musste sie von der Lüge befreien, und er musste sich selbst von diesem dunklen Schicksal befreien, das auf ihm ganz allein lastete. Er musste ihr sagen, dass Dallal dort begraben war und dass er niemanden fand, der an Festtagen einen Blumenstrauss auf ihr kleines Grab legte, und dass sie, ihre Mutter, nur einen Katzensprung vom Grab ihrer geliebten Tochter entfernt wohnte, das zu besuchen ihr nicht möglich war.

Das Wiedersehn fand am folgenden Tag in aller Frühe im Schatten des Mandelbaum-Tores statt. Seine Mutter sah er nicht unter all den Gesichtern, die er betrachtete; nur seine Tante war da. Er erkannte sie nicht gleich; doch sie erkannte ihn und winkte ihm von weitem aus der Menschenmenge zu. Und gleich im Überschwang des Wiedersehens stellte sie ihm die Frage, die zu beantworten er hergekommen war: »Wo ist Dallal?«

Unter dem erwartungsvollen Blick ihrer kleinen Augen schmolz all seine Entschlossenheit dahin. Es war ihm, als ob ihn eine verborgene Kraft an der Gurgel packte und ihn erbarmungslos zu schütteln begann.

»Willst du mir nicht sagen, wo Mutter ist?«

Der Blick traf ihn nochmals. Ali nahm den Korb von einer Hand in die andere und versuchte, etwas zu sagen. Doch die Kehle war ihm zugeschnürt, es war ihm, als stecke ein verbogenes Messer darin.

Seine Tante streckte die Hand aus und legte sie ihm auf den Arm; er vernahm ihre Stimme, erfüllt von unsagbarem Schmerz: »Wo ist Dallal?«

»Dallal?«

Wieder spürte er die Schwäche, die ihm die Knie weich werden liess, und es war ihm, als müsse er sich gegen einen Ohnmachtsanfall wehren. Er hob die Hand und hielt seiner Tante den Korb hin: »Bring Mutter diesen Korb. Es sind einige grüne Mandeln darin ...«

Weiter kam er nicht. Ein gequälter Blick war den Augen der alten Frau entströmt. Ihre Lippen begannen zu zittern.

Er blickte über ihre Schulter hinweg und redete mit schwacher Stimme zu Ende: »Sie hat sie immer gemocht.«

In der langen Minute des Schweigens, die sich zwischen beiden wie ein Grab auftat, spürte er einen entsetzlichen Wunsch, den Wunsch zu fliehen. Seine Tante fingerte in der kleinen Tasche herum, in welche sie Dallals grünes Kleid gepackt hatte. Beide fühlten dasselbe. Sie stand da, und stille Tränen schimmerten in ihren Augen; er spürte das funkelnde Messer, das ihm die Kehle zerschnitt. Er streckte die Hand aus und hob ihr Gesicht zu sich empor. Dann rettete er sich dadurch, dass er kaum hörbar fragte: »Wie hast du Jaffa verlassen?«

Seine Tante versuchte, etwas zu sagen, brachte aber keinen Laut hervor. Die Wortströme aus ihrer Kehle überschlugen sich, und so schwieg sie und lächelte matt und unsicher. Dann streckte sie ihre zitternde Hand aus und strich ihm mit ungeschickter Zärtlichkeit über die Schulter, während er ruhig den Horizont betrachtete, der sich hinter dem Mandelbaum-Tor auftat.

Kuwait, 1958

Nachwort

Am 8. Juli 1972 fiel Ghassan Kanafani, zusammen mit seiner Nichte, in Beirut einem Bombenattentat zum Opfer. Den Umständen nach zu urteilen, sollte er wohl gemeinsam mit seiner Frau sterben. Der Zufall wollte es, dass diese ihn an jenem Tag ausnahmsweise nicht begleitete. Als Urheber des Attentats gelten, je nach Blickwinkel, konkurrierende Palästinenserorganisationen oder, so häufiger, der israelische Geheimdienst. Es wird mit dem Anschlag auf den israelischen Flughafen Lod in Verbindung gebracht. Das Opfer jedenfalls war sorgfältig und bewusst ausgewählt: Kanafani war nicht ein Mann, der mit der Kalaschnikow für die Rechte seines Volkes eintrat. Seine Waffen waren seine Feder, sein Intellekt, seine Wortgewalt. Diese drei, zusammen mit seiner unermüdlichen Schaffenskraft, machten ihn nicht nur zum vielleicht produktivsten Beiruter Journalisten seiner Zeit – sein literarisches Werk ist sozusagen nur ein Nebenprodukt seiner anderen Tätigkeiten –, sondern auch zu einem scharfsinnigen und kämpferischen Sprecher seines Volkes im Exil. Er war also ein »gefährlicher« Mann – ein nicht gerade überraschendes Ziel für einen Anschlag.

Ghassan Kanafani ist am 9. April 1936 in Akka geboren. Sein Leben war in mehrfacher Hinsicht typisch für das Leben von Palästinensern seiner Generation. Es war »ein palästinensisches Leben«, wie es Stefan Wild nannte, der wohl als erster Kanafani ausserhalb der arabischen Welt bekannt gemacht hat. Und nicht umsonst wird auch in so manchen Arbeiten über den literarischen und politischen Gehalt von Kanafanis Werk versucht, diesen Lebenslauf mit der Entwicklung Palästinas und später auch mit dem Bewusstwerdungsprozess der Palästinenser in Verbindung zu bringen.

Etwa zur Zeit von Kanafanis Geburt begann der sechsmonatige Streik der Palästinenser gegen britische Mandatsherrschaft und jüdische Einwanderung; ein Streik, dem jahrelange Auseinandersetzungen folgten. Kanafani selbst sollte später eine historische Darstellung dieses Streiks verfassen.

Sozial gesehen entspricht Kanafani nicht der Mehrheit der palästinensischen Bevölkerung, die aus Bauern, Handwerkern und Händlern bestand. Sein Vater war Anwalt, gehörte auch zu den Wortführern der Palästinenser und wurde von den Briten mehrfach inhaftiert. Der Sohn Ghassan wurde in die französisch-katholische École des Frères in Jaffa geschickt, eine jener ausländischen Schulen, die im Libanon, in Syrien und in Palästina seit etwa Mitte des neunzehnten Jahrhunderts florierten und die, trotz aller Qualität des Unterrichts, bei den Schülern nicht selten zu einer kulturellen Entfremdung im eigenen Land führten. Ghassan Kanafani hatte noch Jahre nach der Flucht, auf der Oberschule in Damaskus, Schwierigkeiten im Umgang mit der arabischen Sprache!

Am zwölften Geburtstag Ghassan Kanafanis, also am 9. April 1948, ermordeten jüdische Kampftruppen in einem Dorf namens Deir Yasin etwa 250 Dorfbewohner – eine jener kriegerischen Aktionen, welche die Palästinenser zu Hunderttausenden zur Flucht veranlassten. Auch die Familie Kanafani verliess »das Land der traurigen Orangen«, wie Palästina in der Titelerzählung dieses Bandes (sie ist auch Titelgeschichte einer seiner Erzählungssammlungen) genannt wird. Damit begann für Ghassan Kanafani, wie für etwa 700 000 weitere Palästinenser, ein Leben als palästinensischer Flüchtling oder – wie manch einer von ihnen lieber sagt – als palästinensischer Vertriebener. »Als wir dann am Nachmittag in Saida ankamen, waren wir Flüchtlinge geworden«, heisst es in der erwähnten Erzählung kurz und prägnant.

Flüchtling geworden zu sein bedeutete, wie aus den hier zusammengestellten Erzählungen deutlich hervorgeht, neben dem ganz allgemeinen Verlust der Heimat auch speziell den Verlust von Land, was bei einer vorwiegend agrarischen Bevölkerung von besonderer Bedeutung ist. Es bedeutete ausserdem, gerade durch den Verlust der Produktionsgrundlage, den Verlust der traditionellen Gesellschaftsordnung und des sozialen Status jedes einzelnen darin. Das Haus und das Dorf (oder die Stadt), worin man wohnte, wurde durch ein Zelt, eine Hütte, das Lager ersetzt. Der Verdienst mittels gesellschaftlich geachteter Arbeit wurde durch das Almosen seitens internationaler Organisationen oder durch Einkünfte aus verachtungswürdigen Tätigkeiten ersetzt.

Auch Kanafanis Jahre als Flüchtling waren in vieler Hinsicht typisch für das Leben zahlreicher palästinensischer Flüchtlinge, auch wenn es ihm recht bald vergönnt war, das Lager zu verlassen – er gehörte ja zur gesellschaftlich bessergestellten Schicht. Die Vertreibung brachte ihn zunächst für kurze Zeit in den Libanon, dann längerfristig nach Damaskus, wo er seine Schulausbildung abschloss und einige Zeit als Lehrer an einer UNRWA-Schule tätig war. Hier liegt sicher der autobiographische Hintergrund mehrerer Erzählungen Kanafanis, in denen von Lehrern und Schülern die Rede ist.

1956 erhielt Ghassan Kanafani eine Stelle als Lehrer in Kuwait. Er wird einer von zunächst Hunderten, dann Tausenden, später Hunderttausenden von Palästinensern, die in die Golfstaaten zum Arbeiten gehen. Seine ältere Schwester Faiza und sein Bruder Ghazi waren schon früher dorthin übergesiedelt.

Nicht so sehr durch Kanafanis mehrjährige Tätigkeit in Kuwait als Sport- und Zeichenlehrer ist diese Zeit für sein Leben und sein Werk von Bedeutung. Wichtiger wurde sein persönliches Lebensgefühl – die sexuelle und emotionale Frustration, das Leiden unter der Hitze und das Gefühl, vor dem palästinensischen Problem »geflohen« zu sein und jetzt tatenlos herumzusitzen –, das die Mehrzahl seiner Erzählungen prägt. Hier wird die zunächst recht konkrete Vorstellung vom Vertriebensein zum existentiellen Problem des Fremdseins, des Ausgeschlossenseins, ohne dass aber die palästinensische Herkunft des Autors und die spezifisch palästinensischen Belange in seinem Werk verschwänden. Es ist die Entwicklung, die Kanafani selbst einmal so formulierte:

»Später begann ich dann in Palästina ein umfassendes menschliches Symbol zu sehen; und wenn ich jetzt über eine palästinensische Familie schreibe, so schreibe ich in Wirklichkeit über eine menschliche Erfahrung.«

Noch zwei weitere biographische Details sind aus jenen Jahren, die Kanafani in Kuwait zubrachte, erwähnenswert. Dort in Kuwait erfuhr Kanafani, dass er an der Zuckerkrankheit litt, was für ihn einen frühen Tod in den Bereich des Möglichen rücken liess. Zweimal soll er, einige Jahre später, wegen verzögerter Insulinspritzen nur ganz knapp gerettet worden sein. Der Tod wurde somit für ihn zu einer viel konkreteren und bewusster erfahrenen Möglichkeit als für die meisten Menschen. Seine häufige Beschäftigung, in seinen literarischen Arbeiten, mit dem Thema Tod verdeutlicht das, auch wenn das Thema der Lebensbedrohung schon in seinem Palästinenser-Sein begründet ist.

Schliesslich hatte Ghassan Kanafani während seiner Kuwaiter Zeit Kontakt mit Kommunisten und machte Bekanntschaft mit kommunistischer Literatur. Das half ihm, bei der Betrachtung des Palästinenserproblems einen neuen Interpretationsrahmen zu finden, das heisst, darin eine Auseinandersetzung zu sehen zwischen Kolonisatoren, sprich Ausbeutern, auf der einen und Kolonisierten, sprich Ausgebeuteten, auf der anderen Seite. Er begann also die Auseinandersetzung um Palästina als Klassenkampf zu betrachten, mit der Folge, dass in einem »befreiten« Palästina auch eine neue, sozialistische Gesellschaftsordnung verwirklicht werden müsse.

Schon vor seinem Aufenthalt in Kuwait hatte Ghassan Kanafani mit George Habasch, dem späteren Chef der Volksfront für die Befreiung Palästinas, Verbindung gehabt; und George Habasch war es, der Ghassan Kanafani 1960 nach Beirut zu kommen aufforderte. Dort verbrachte Kanafani, zunächst ohne Papiere und ohne geregeltes Auskommen (erst 1963 erhielt Kanafani einen libanesischen Pass), die nächsten und zugleich letzten zwölf Jahre seines Lebens als Journalist bei verschiedenen Zeitungen, in unterschiedlichen Funktionen.

Zunächst arbeitete er bei der Wochenzeitung *al-Ḥurrīya* (Die Freiheit), dem Organ der Arabischen Nationalbewegung *(ḥarakat al-qaumīyīn al-ʿarab).* In diese zunächst recht lose Gruppierung war Kanafani schon 1955 von George Habasch eingeführt worden und hatte schon früher für ihre Zeitung in Damaskus, *ar-Raʾy* (Die Meinung), Beiträge geschrieben. Politisch folgte Kanafani zu jener Zeit der Bewegung des Nasserismus, was 1963 sein Überwechseln auf den Posten des Chefredakteurs bei einer neuen nasseristisch-progressiven Tageszeitung, *al-Muḥárrir* (Der Befreier), erklärt. Auf dem Nasserismus ruhte in jenen Jahren die Hoffnung eines grossen Teils der Bevölkerung der arabischen Welt. Dem Zusammenschluss der arabischen Welt, durch den allein man die Verwirklichung der Rechte der Palästinenser durchsetzen zu können glaubte, schien man mit der Vereinigung von Ägypten und Syrien einen grossen Schritt näher gerückt. Die Auflösung dieser Union (September 1961) weckte gewisse Zweifel am Nasserismus, der Ausgang des Junikrieges 1967 versetzte ihm den Todesstoss. Auch schränkte er die Möglichkeiten der Zeitung *al-Muḥárrir* stark ein, weshalb Kanafani seine Stelle dort aufgab und sich dem Herausgeberteam der ebenfalls nasseristisch-progressiven Tageszeitung *al-Anwār* (Die Lichter) anschloss. Gleichzeitig begann er in der neugegründeten Volksfront für die Befreiung Palästinas mitzuarbeiten. Als sich Anfang 1969 die Demokratische Front für die Befreiung Palästinas unter Nayef Hawatmeh abspaltete, blieb Kanafani bei George Habasch und arbeitete ab Juli 1969 im neugegründeten Parteiorgan der Volksfront, *al-Hádaf* (Das Ziel), mit. Später wurde er auch noch, und blieb es bis zu seinem Tod, offizieller Sprecher der Volksfront. Sein Tod steht sicher in unmittelbarem Zusammenhang mit diesen letzten beiden Tätigkeiten, durch die er stark exponiert war.

Das Eingespanntsein in die journalistisch-politische Arbeit im Interesse des palästinensischen Volkes liess Kanafani wenig Zeit für anderes, auch für literarisch-kreative Tätigkeit. Besonders während der letzten Jahre, neben seiner Arbeit bei *al-Hádaf*, arbeitete er nur noch sehr wenig an seinem literarischen Werk. Er selbst meinte einmal dazu: »Normalerweise bin ich, wenn ich mit der Arbeit fertig bin und nach Hause komme, so müde, dass ich nicht mehr schreiben kann.« Aber es ging trotzdem, wenn auch langsamer. Und die Kraft dazu bezog Ghassan Kanafani teilweise aus der auch internationalen Anerkennung, die ihm zuteil wurde – 1965 und 1966 folgte er offiziellen Einladungen nach China und Indien und nahm ausserdem Kontakte mit anderen Befreiungsorganisationen in Ländern der Dritten Welt auf. Noch mehr Kraft schöpfte Ghassan Kanafani aber aus der Beziehung zu seiner Frau und seiner Hoffnung für die Zukunft seiner Kinder. Schon 1961 heiratete er Anni Høver, eine Dänin, deren Vater einst im Widerstand gegen die deutschen Besatzer gewirkt hatte. 1962 wurde ihr Sohn Faiz geboren, drei Jahre später ihre Tochter Laila. Auf beiden ruhte die Hoffnung des Vaters auf eine bessere Zukunft, doch auf beide wartete zunächst das Schicksal, Palästinenser zu sein, das Schicksal eines Volkes zu erleben, das sich in jedem einzelnen Palästinenser wiederholt. Auch Ghassan Kanafanis Sohn musste sich dieser Tatsache früh bewusst werden; sein Vater hinterliess folgende Notiz über den damals Fünfjährigen:

Mein Sohn, unsere Zukunft!

Ich hörte, wie du im Zimmer nebenan deine Mutter fragtest: »Mama, bin ich Palästinenser?«

Als sie ja sagte, senkte sich eine lastende Stille übers ganze Haus. Es war, als wäre etwas gefallen, explodiert – dann Stille.

Danach – meinen Ohren konnte ich nicht trauen, doch meinen Fingern glaubte ich: Ich las, und das Buch zitterte in meinen Händen. Nein, alles war wirklich, schrecklich wirklich: Ich hörte dich weinen.

Hartmut Fähndrich, 1983